戦争犯罪と歴史認識

日本・中国・韓国のちがい

北原惇
Jun Kitahara

花伝社

すべての政治思想というものは認識にもとづくものではなく、意欲にもとづいたものである。それは我々の合理的な要素によるものではなく、感情的な要素によるものである。政治思想は真実を求めるという意図以外の、ある特定の意図から生まれるものである。

Kelsen, Hans, *General Theory of Law and State.* Cambridge, Mass.: Harvard University Press, 1945, xvi ページからの引用。

戦争犯罪と歴史認識——日本・中国・韓国のちがい◆目次

第三章　日本を弁護したアメリカ人弁護人たち　51

第四章　国際軍事裁判の問題点を指摘した欧米の意見　72

第五章　中国の戦争犯罪　105

第六章　韓国の戦争犯罪　142

まえがき

「ポツダム宣言」受諾の後、日本はアメリカ主導の連合軍に占領され、戦争犯罪を犯したと見なされた人たちが軍事裁判にかけられ、その一部は処刑された。もし「戦争犯罪」なるものが客観的に判定できる人間行動であるならば、戦争犯罪を犯した人間は例外なくすべて同様に罰せられるものと考えたい。残念ながら人間は罪を犯すものであり、罪は罰せられるべきものである。

しかし現実はそうではない。東京での軍事裁判は日本側の戦争犯罪だけを取り上げ、連合国側の犯した戦争犯罪はすべて無視された。その後の世界でも中国はチベット、東トルキスタン、内モンゴルを侵略して戦争犯罪を犯し、ベトナム戦争では韓国軍が戦争犯罪を犯している。しかしこれらの戦争犯罪は国際的な裁判にはかけられず、戦争犯罪人は罰せられない。本書はこの不条理を取り上げ、戦争犯罪を伝統的な法学の立場からではなく、神経生理学、動物行動学、社会科学、心理学、精神分析などの観点から再考する可能性を提案するものである。

誤解を避けるために明記しておくが、本書はいわゆる「リビジョニスト」の類の本ではなく、日本は戦争犯罪を犯してはいない、などと主張する本でもない。人間行動が完全無欠ではないのは誰の目にも明らかであろう。したがって東京での極東国際軍事裁判が完全で公平であったとは言えないのも納得できる。本書の目的はできるだけ客観的にそして簡潔にこの裁判について再考し、その後中国と韓国が犯した戦争犯罪について考察するものである。その意味では本書は極東国際軍事裁判を全面的に肯定するわけではなく、また全面的に否定するのでもない。筆者が強調したいのは戦争犯罪は例外なく罰せられなければならない、そして裁判は公正でなければならない、という点である。

筆者は「右翼」でも「左翼」でもない。このような表現はまったく役に立たず、百害あって一利なしで、これは筆者がすでに別の著書『脱西洋の民主主義へ』などで述べているのでここでは繰り返さない。「リベラル」という表現も現在の日本で用いられている意味では筆者には当てはまらない。しかし「一寸の虫にも五分の魂」という表現があるように、筆者にも考えたり行動するための指針がある。それは「個人の尊厳を最優先にすること」である。この考えは人間の存在を生物学的現象と見なすことから始まる。生物の種であるために人間の多様性は当然の結果であり人類の生存には好ましいと仮定する。ここで多様性とは本来の生物的多様性のほかに心理的多様性、さらには文化・文明的多様性も含む。

人間という種が多様であることは進化論的に考えて好ましいかもしれないが、多様であるために意見、好み、思想、解釈の違いによる口論、対立、葛藤、戦争などがおこってしまう。その場合、自らの主張にしたがって行動するのは自由の一種で、これは古典的なリベラリズムの用語では「正の自由」と呼ばれる。しかし誰かが「正の自由」を行使すると、その行動の結果を好ましくないと感じ、これを回避したいと反応することもある。この回避したいという反応もやはり一種の自由とみなされ、これは「負の自由」と呼ばれる。「負の自由」は、いじめ、強盗、強姦、などの個人的な場合から、外国に侵略されること、空襲、占領、など大規模な国際的な場合にも切実に求められる「こんな事があってはならない、これから逃れたい」という願望である。

筆者の社会哲学と政治哲学の出発点はすべての人間現象についてこの「負の自由」をできるだけ可能にするという希望である。これは単なる見解であり他人に対しなんらの強制力もない。したがってそのような考えは受け入れられない、と言われてしまえば筆者としても、ああそうですか、と言うしかない。しかし人間が多様であることを考えると、この考え方に共感していただける読者もおられるのではないかとも思える。

そしてここにこそ筆者が「右翼」にも「左翼」にも反発する理由がある。なぜならどちらの政治思想にも全体主義になる危険性があり、歴史は繰り返し繰り返しそれを示している。全体主義の現実には「右翼」や「左翼」の違いは存在しない。どちらの場合にも個人の存在は無視され、「負の自由」は蹂躙され、個人の尊厳は無視される。更につけ加えれば、いわゆる「民主主義」の国でも個人の尊厳を無視する傾向は大変明確である。政治思想の名前などどうでもよい。筆者は個人の尊厳を無視する社会や政治体制すべてに反発するのである。

この「負の自由」の必要性を具体的に、そして現実的に表現すると、人間が多様であることをいわば「天から与えられたもの」とでもして（カント式の哲学で言えばアプリオリである）すべての人間の尊厳というものを尊重し、それにもとづいた社会、文化、文明を構築するのが筆者の希望することである。以上の前口上のようなものを念頭にいれて本書を読んでいただきたい。

なお本書を書くにあたり、フェリス女学院大学の横山安由美教授が絶版になり古書としても入手不可能であった文献の取得にご尽力くださった。この貴重なご援助なしでは本書は書くことができず、ここで心から感謝の意を表したい。

第一章　戦争犯罪と極東国際軍事裁判

我々は「戦争犯罪」という表現をしばしば耳にする。法律、特に国際法に詳しくない一般の人々にとっては、これは戦争に関連して犯された犯罪行為であるという印象を受ける。法律の専門家にとっても大体同じような意味であるが、非専門家の考える概念よりは具体的に定義され、戦争をおこなう場合に交戦の規則に違反した行動が戦争犯罪であるとされている。日本で広く利用されている百科事典を見ると戦争犯罪とは戦争法規に違反する行為（世界大百科事典〔改訂版〕、平凡社、二〇〇九年、ならびに日本大百科全書〔第二版〕、小学館、一九九八年）であると定義されており、戦争法規とは戦争開始と終結に関する法と戦争遂行に関する法であると説明されている（ブリタニカ国際大百科事典〔第三版〕、一九九六年）。

ここで重要なのは戦争をおこなう場合の「法規」という点である。つまり戦争をするにはルールがあり、戦争をする国にはそのようなルールを遵守する義務があるとされ、ルールを無視したりルールに違反した場合に戦争犯罪を犯したことになる。この考え方の基礎に隠れて存在しているのは、戦争そのものは犯罪ではない、という見解である。規則に違反しないかぎりいくらでも戦争をしてよい、いくら戦争をしても犯罪にはならないという理屈になる。

この「戦争犯罪」というものの定義をよく考えてみると、専門家の考える戦争というのは試合やゲームにたいへんよく似ている。野球、フットボール、テニス、柔道、ボクシング、などのスポーツ、そしてかるた、トランプ、麻雀などあらゆる種類の試合やゲームにはすべて詳細に決められた規則があり、そのような規則を遵守して初めて試合やゲームが可能になる。規則に違反した者は警告を受けたり退場させられたり、罰金を課されたり、自動的に負けになったものと見なされる。

子供のチームが野球やフットボールの試合に勝つと喜び得意になり、他の子供たちに対していばり始める。その反対に負けると悲しみ意気消沈し、時には涙をながしてくやしがる。戦勝国と敗戦国の大人たちも事実上これとまったく同じ反応を示すのも戦争と試合やゲームの類似点を示す現象と言える。

文化的に見て比較的に複雑ではない社会、以前は「未開社会」などと呼ばれた社会の間の戦争にも細かく決められた規則があり、それが事実上試合やゲームにたいへんよく似ている点は以前から文化人類学者によって指摘されている。またゲーム理論の専門家は戦争や国際間の紛争をゲーム理論の考えを用いて考察しているのも興味ある点である。

戦争犯罪についての前提1と三つの仮定

専門家の考え方にしたがって、そして上記の簡単な考察から、「戦争犯罪」は戦争に関する各種の規則に違反した場合に発生するものであると定義し、これを**前提1**とする。

前提1　戦争犯罪とは戦争の行動に関して決められている禁止事項に違反して発生した行動と定義する。

具体的には敵の戦闘員を戦闘中に殺すのは戦争犯罪ではないが、同じ戦闘員が捕虜となった場合、それを殺すのは戦争犯罪となる。また非戦闘員である民間人を殺すのも戦争犯罪となる（そのような規定が明記されている場合）。

この前提からさらに次の三つの仮定を導き出すことができる。これらの仮定は**前提1**がその存在意義を明確にするために必要である。

仮定1　戦争が始まった時点で禁止についての規定が関係国すべてに明確に認識されているものとする。

仮定2　戦争開始時点での禁止の規定は関係国すべての同意なしに一方的に変更、追加、ならびに削除されてはならない。

仮定3　戦争犯罪は戦争に関して規定されている禁止事項に違反した場合にのみ発生するものとみなされるため、戦争行動そのものは犯罪ではない。

仮定1の意味は明白である。どのような行動をしたら戦争犯罪になるのかすべての関係者が知っておく必要がある。そうでなければ絶えず戦争犯罪を犯す危険性に直面し、どう戦争をしたらよいのかわからない。これは紙の上の議論では明白であるかもしれないが、実際に戦場にかりだされた兵士たちにとっては明確ではない可能性がある。太平洋戦争の結果BC級の戦犯として処罰された被告の中にはそのような可能性が実際に存在していたことが知られている。

仮定2の意味は、戦争をしているうちに一方が自分たちに有利になるように勝手に規則に手を加えたり、負け戦になっていると意識した側がそれを挽回するために勝手にルールを変更したり、勝つことが予測される国が戦後処理をより有利にするために勝手にルールを変更してはいけない、ということである。この典型的な例は極東国際軍事裁判の法廷で、そしてその後も繰り返し繰り返し取り上げられ議論されている「平和に対する罪」である。これを事後法、つまり罰するために問題の行動がおこった後で決めた法であるとする多くの専門家の強力な意見がある。この「平和に対する罪」で起訴されたのはA級戦犯であった。しかし「平和に対する罪」を事後法と見なせばA級の戦争犯罪はありえず、この罪状によって起訴され処刑された被告たちは実際には国際法に反する不当な処罰をされたことになる。

仮定3は「戦争犯罪」の定義から導き出される、考えようによっては最も非人道的で危険な仮定である。国際間の規定に従っていれば、つまり規定に違反しない限り、何をどう実行しても罰せられることはない、という論理的な結論である。これは驚くべき指針であり、事実極東国際軍事裁判で日本側の弁護人の一人であったアメリカ人のベン・ブルース・ブレークニーが一九四六年五月十四日の法廷で戦争は犯罪ではないと強力に主張した。この件に関してはのちほど第三章で詳しく述べることにする。

戦争犯罪についての前提2

前提1と共に考えられる前提として**前提2**の必要性が考えられる。

前提2　戦争に関しての禁止事項は戦争に関わるすべての国、文化、そして文明圏に理解でき、明確に解釈でき、納得できるものでなければならない。

この前提の意味は交戦国の間の禁止事項についての同意の問題である。二つのよく似た国の間の戦争ではどのような行動が禁止されるべきで、どのような行動なら容認されるべきであるかは問題にならないかもしれない。しかし同じ西洋文明圏の中でもかなりの相違がある二つの国の場合、例えば第二次世界大戦中のフランスとナチスのドイツの場合、この問題は明確に認識されてしまう。

そして厳密に考えればこれは禁止事項を批准した国についてのみ有効であるとさえ主張することもできる。別の可能性としてある禁止事項を自然法にもとづくものとし、批准なしでも普遍的に適用されてよいと主張できるかもしれない。自然法というのは国や文化・文明の違いに関係なく、人類に普遍的にそして恒久的に存在している法というものがあるという考え方である。しかしこれは国々が自然法を受け入れているという前提があって初めて論理的に可能であり、すべての国が自然法を認めているわけではない。東京での裁判の場合、「平和に対する罪」などはこれがあたかも自然法であり、これが事後法であるかどうかなどという問題には無関係に日本の被告に適用されるものとしていた。

ここで注意すべき点は、自然法の考えにしたがわない場合、一つの国でも歴史上の時点によって極度に変化してしまう可能性もあることである。ドイツの例を見ればわかるとおり、ナチス台頭以前のドイツ、更にはそれ以前、ドイツが統一された国として国際的に承認された時点のドイツでは、フランスは優れた国、先進国、多くの点で見習うべき国と見なされていた。ナチス支配下のドイツではそれが抜本的に変化し、ドイツは最も優秀な人種の国であるからフランスを侵略して支配するのは当然であるとされた。そしてナチス崩壊後のドイツ、ヨーロッパ連合形成後のドイツではナチスを礼賛したり、ナチスの敬礼をすれば法的に罰せられる。一つの国が時代によって変化するのは特にめずらしくはないが、これは極端な例である。

これが異なる文明圏の間の戦争、例えば西洋文明圏とイスラム文明圏の間の戦争であれば、どちらの側にとっても明確に理解し、納得できる禁止事項を相互に承認し遵守する可能性は少なくなりうる。この問題を別の角度から見ると、このような条件の下で禁止事項を決定する場合、その内容はいづれかの文明圏の価値観の影響を受けたものになり、それを事実上他の文明圏に強制することとも見なされる。近代と現代の世界では軍事的・経済的に西洋文明が圧倒的な支配をし、その結果西洋文明の価値観が世界を支配してしまう。したがって戦争犯罪の概念も西洋文明の価値観を反映したものになってしまう。

例えば極東国際軍事裁判（以下慣例にしたがってこれを東京裁判と呼ぶことにする）ではアメリカが主導権を握っていた検察側は連合国側を「文明国」とし、日本を野蛮な好戦的な国であると非難し続けた。一九四六年六月四日の東京裁判の冒頭陳述でキーナン首席検事は「被告らは文明に対し宣戦を布告した」と述べている。この発言の基礎にあるものは連合国各国だけが文明をもった優れた国々であり、日本には文明がなかったという考えである。しかし戦争を仕掛けたからといってそれが文明国ではないという証明にはならない。十六世紀以来、世界を侵略し植民地化した西洋各国には文明がなかったのであろうか。この問題はむしろ世界の異なった文明間の争いと見るのがより現実的な解釈なのではないだろうか。

この文明圏の違いから生ずる問題は一九四八年三月三日の東京裁判においての日本側の最終弁論で鵜沢総明日本側弁護人団長によって述べられている。鵜沢弁護人は古代日本には平和文化が存在していた、日本は鎖国時代には島国の平和な民族であった、しかし欧米諸国の勧誘と圧力によって開国した、世界の独立国と認められてからも軍縮会議に積極的に参加した、しかし世界の大勢から島国に押し込まれる拘束となった、と主張した。

鵜沢弁護人はさらに次のように陳述をしている。侵略戦争であるかどうかの問題は戦勝国が戦敗国に対して決定するのは一方的である、対立した国々の間で意見が一致せず、異なった主張がなされ、その結果戦争になる場合もある、司法の正義からすると戦勝国も戦敗国も共に被告として審判されるべきである、としている。これらの議論を支えるために鵜沢弁護人は東洋と西洋の数多くの思想家の考えを引用している。

戦争犯罪の問題点

以上のごく簡単な「戦争犯罪」という概念の考察から明らかになるように、ここには重大な問題になる要素がいくつか含まれている。戦争には二つまたはそれ以上の国が関与する。内戦の場合には二つまたはそれ以上の対立する勢力が存在することから始まる。これらの相対する勢力の間で戦争開始の時点で一体どれだけ「戦争犯罪」について合意ができているのか大いに疑問がある。

前提1は常識としては存在しているかもしれない。しかしこれがその時点での国際法で明確に規定されているとは限らない。これは**仮定1**が言及している事項で第二章以後で順次取り上げてゆく問題である。事後法が指摘されたという問題を考えると**仮定2**も現実には遵守されてはいないと議論できる。**仮定3**はこれまであまり考えられていなかった問題であり、今後法の専門家に熟考していただきたい点である。

前提2は異なった文化・文明の間の争いでは最も重大な問題であり、これは東京裁判で明確に存在した。ここでは西洋文明の考え方が裁判の基礎にあり、しかも裁判そのものは英米法の考えにしたがって行われた。国際法と呼ばれる法そのものが西洋文明の産物である事実を考えるとこれを日本というまったく異なった文化・文明の国に適用することができるのかという議論も可能である。

ここで得られる暫定的な結論は、「戦争犯罪」という考えそのものは完全無欠であるどころか、今後解決しなければならない大事な問題を含んでいることである。にもかかわらず、東京裁判では「戦争犯罪」があたかも明確にそして客観的に定義されていた犯罪のように見なされていたのであった。筆者の主張する「個人の尊厳を最優先にする」思想から考えれば、戦争という悪はできるだけ回避されるべきで、戦争に関連して発生したある種の行動を犯罪と見なし、それに伴う罰則は存在すべきである。しかしそこにいたるまでの定義と仮定は明確でなければならない。

「歴史認識」とは

東京裁判に関連して「歴史認識」という表現が東アジアの近代・現代史を語る場合にしばしば用いられる。これは通常「正しい」という形容詞がその前に付加され、「正しい歴史認識」などという表現がマス・メディアに現われる。そしてこの表現は他の東アジアの国々、特に韓国が盛んに用いている。この場合韓国の言及する「正しい歴史認識」とは日韓併合以来の日本が韓国に対して行った支配すべてを悪事として日本側が正式に認めることとされている。この問題は「歴史認識」と「正しい」という二つの表現を別々に考察する必要がある。

「歴史認識」という表現も更に二つに分け、「歴史」と「認識」と別々に考察するべきである。歴史とは過去におこった出来事であるが、現在過去を問わず世の中でおこる出来事は星の数ほどあり、それをすべて記録することは不可能である。また記録された出来事のすべてが歴史上の後の時点で人々の知識として知られているとは限らない。一人の人間が知りうる知識は極度に限られており、極端に言えばそれは無に等しい。それでも個人Aの知識は個人Bの知識とは全く同じではない可能性があるので国や社会のように多くの人間の集団ともなれば集団としてはある程度の知識の蓄積も不可能ではない。

このように極度に限られた人間の知識が何らの制限なしにまったく自由に流通するのであれば歴史の認識もある程度可能かもしれない。しかしそれにははるかに程遠いのが現実である。その理由は数々の選択または排除のメカニズムの存在である。

どこかに知識が蓄積されていればそれは情報源となりうる。しかしこの知識が社会なり国なりの中で伝達されなければ知識である意味がない。それでは知識が存在しないのと同じである。そして知識の伝達が何らかの形で意図的に操作されている場合には歴史が「正しく」認識されるどころか、全く認識されないことになる。これは全体主義の国では明らかな問題であるが、「自由な」

国でも存在する。上部からの政治的な圧力があったり、報道関係者が自主的に判断したり、ロビー活動などをする圧力団体に脅迫されたり、商業放送の場合スポンサーの顔色をうかがったりした結果知識の伝達が阻止されてしまうことにもなる。

しかも国際関係や国内政治に関わる事項は政治思想に左右されてしまう危険性が大いにある。政治思想が知識の蓄積とその自由な伝達を妨害するのでは「正しい歴史認識」などは不可能である。いわば人間の常として他人の悪事を指摘し非難するのは容易であるが、自分自身の悪事は自ら任意に公表することはしない。自身の醜い過去は通常隠しておいたほうが得策であるのでそのように振舞うのが人間である。この点に関しては国でもまったく同じである。このような一般論ではこの問題は理解しにくいかもしれないが、本書で後に述べられる明らかに戦争犯罪である中国のチベット、東トルキスタン、内モンゴルの侵略と民間人の虐待と虐殺、ベトナム戦争でアメリカに次ぐ多くの兵士を送り込んだ韓国軍のベトナムでの民間人の虐待と虐殺などの例によってより理解しやすくなるものと信ずる。

東京裁判にいたるまで

アメリカのトルーマン大統領、イギリスのチャーチル首相、そして中華民国の蒋介石総統の三人がベルリン郊外のポツダムで一九四五年七月二六日に会談をおこない、その結果を連名の文書として発表した。これがいわゆる「ポツダム宣言」である。この文書は十三項目からなり、その目的は日本に対し降伏の最終条件を提示し、日本に降伏することを迫ったものであった。ここで注目すべき点はこの宣言は米英中の三国のものでソ連は参加していないことである。日独伊の三国同盟のうち、イタリアはすでに早期に降伏して脱落し、ドイツも一九四五年五月七日に降伏し、残るは日本だけになっていた。

ポツダム宣言をただちに受け入れなかった日本はその後二つの原子爆弾の攻撃を受け、八月十四日に昭和天皇と日本の首脳部よりなる「御前会議」の結果ポツダム宣言を受諾することとなった。これは直ちに中立国であったスイスとスウェーデンの日本公使館を通じて連合国側に通達され、同日八月十四日にアメリカのトルーマン大統領が日本の降伏を公式に発表したのであった。その後九月二日に東京湾に停泊したアメリカの戦艦ミズーリ号の上で日本政府を代表した重光葵外務大臣その他の降伏文書署名によって国際法上でも降伏が正式なものとなった。

その後間髪を入れずにアメリカ主導の形で日本の占領が始まり、日本を根本的に改革して欧米式の民主主義の国にするという占領政策が強制されることになった。占領軍にとって、これらの徹底的な日本改革に必要なことはそれまでの日本を支配した体系をすべて破壊し、その責任者と見なされた者すべてを犯罪者とし処罰することであった。東京裁判はこの考えにもとづいて実行されたのである。したがってその根底に存在していた方針は連合国側の観点から見て好ましくない点、気に入らない点をすべて取り上げ、逆に日本側にとって有利な事実はすべて無視するという裁判なのであった。敗戦と占領という非常事態の場合、このような結果になるのはいわば当然とも言えるが、客観的、そして歴史的な観点からは注目し熟考すべき点である。

東京裁判の特徴

この裁判を実行するにあたり、連合国側には明確な考えが存在していた。それは仮定と言ってもよいし、仮説と言ってもよいが、むしろ一番現実に近い表現はドグマであろう。その内容は、第二次世界大戦というものは民主主義を信条とする文明国の国々と、これに反対し、世界を侵略しようとした全体主義国家の集団との戦いであった、というものである。これを更に別の形で表現すると、ナチスのドイツもファッシズムのイタリアも軍国主義の日本もすべて同一の侵略思想にもとづいて侵略戦争をし、世界の平和に対する罪を犯した、というものである。

これはすべてを善と悪、白と黒に二分してしまう西欧文明やキリスト教の教えに従ったものであるかも知れないが、ドイツ、イタリア、日本にはそれぞれ独自の歴史があり、それぞれ独自の事情があり、それぞれの国の地政学的な問題の大きな違いをすべて無視した、あまりにも幼児的な解釈であったと言える。しかしその反面、このような観点からの裁判であれば物事がすべて簡単にすんでしまうという利点もあった。

歴史の現実はこれよりはるかに複雑であった。日本がドイツと共謀していたという非難にもかかわらず、日本もドイツもお互いに裏切られたという衝撃を受けたことが多々あった。例えば張鼓峰事件と二回にわたるノモンハン事件でソ連と軍事的に戦火を交えていた日本は、一九三九年八月二三日にドイツがソ連と独ソ不侵略条約を締結した際衝撃を受け、その結果平沼内閣は退陣に追い込まれた。この事実は日本側の弁護人の一人、カニンガム弁護人によって一九四七年六月十二日の法廷で述べられている。またドイツはアメリカが参戦することは大きな危険であるのでそれは是非とも回避したいとしていたが、日本が真珠湾を攻撃してアメリカを参戦させてしまったことに驚き、衝撃を受けている。

日本の終戦に至るまでの指導者たち、そして特に戦争犯罪人と見なされ裁判にかけられた人々の間でさえ、法廷に出てきて初めて会った、などという場合があり、これではとても共謀していたとは言えない。日本の指導者たちは一枚岩ではなかったのである。ローガン弁護人は一九四七年二月二五日の法廷で被告の間に共同謀議はなかったと主張し、それを五項目に分けて弁論した。例えば陸軍と海軍、外交官と陸海軍は対立し、内閣はしばしば分裂し、議会は政府の政策ならびに軍部の勢力から独立し、文官と軍部ははげしく衝突した、したがって共同謀議は不可能であった、と述べている。

ニュールンベルグ裁判の繰り返し

以上の歴史的事実にもかかわらず、日本はドイツならびにイタリアと共謀したとの考えにもとづいて東京裁判が実行された。その結果この裁判の条例はニュールンベルグですでに始まっていたドイツでの軍事裁判、いわゆるニュールンベルグ裁判での条例をほとんどそのまま丸写しにしたものであった。どちらの条例にもA（平和に対する罪）、B（戦争犯罪）、C（人道に対する罪）の三種類の犯罪が定義されており、書かれている内容は事実上同じである。これらの定義によりA級、B級、C級の三種類の戦争犯罪人が指定されたわけであるが、「平和に対する罪」とは共同謀議によって侵略戦争をおこなった罪、「戦争犯罪」とは戦争の法規または慣例に違反した罪、「人道に対する罪」とは一般人民に対しておこなわれた殺人その他の罪とされている。このように東京裁判でもニュールンベルグの裁判での三種類の戦争犯罪が定義され、これにもとづいて戦争犯罪人が起訴され、有罪と認められた被告は処罰されることになった。

ここで特に注意しておくべき点、しかも日本でも韓国や中国などの海外でも誤解されているのは、このABCの定義は単なる三種類の犯罪ということでしかない点である。Aが最も重大な罪で、ここに分類された被告は最も重大な犯罪を犯したということではない。したがって韓国や中国が日本の首相その他の政府関係者や国会議員が靖国神社に参拝すると、A級戦犯が祭ってあるから参拝するのはいけない、軍国主義の復活だ、歴史認識をしていない、などと非難をするのは見当違いである。そのように議論するのであれば、すでに歴史的に認識されていた狭義の戦争犯罪や民間人の虐殺などの罪で処刑された被告たち、つまりBC級の被告の霊に参拝するのは軍国主義ではなく、「歴史認識」をしていることになる。ただしABCの分類に言及せず、戦争犯罪人が祭ってあるから首相が靖国神社に参拝するのはいけないと言えばそれは主張としては論理的である。

もう一つ注意しておく点は東京での裁判はA級に分類された被告だけを扱い、B級とC級の被告は日本以外の場所、つまりマニラ、上海、グアム、シンガポール、クアラランプール、香港、ラングーンなどで裁判をされた。これら三種類の裁判のうち、日本でも海外でもマス・メディアに注目をされていたのはなんといっても東京の市ヶ谷での裁判で、BC級の裁判はあまり外部に知らされずにおこなわれた。

ニュールンベルグ裁判と東京裁判の相違点

ニュールンベルグと東京での二つの裁判は極度に類似したものであるが、違いも存在した。相違点は主として三つある。第一に、連合国側の日本に対する裁判の正式の考えは一九四三年十一月二七日に米・英・中の三国がカイロで会合し宣言をした「カイロ宣言」が始まりである。それまでの時点では連合国側は一九四三年十月二〇日のロンドンのイギリス外務省で「連合国戦争犯罪委員会」を発足させていたが、それはヨーロッパの事情を念頭にいれたものであった。

この点に注目した中国大使はアジアも取り上げてもらいたいと提案し、翌年の五月十日に「極東分科委員会」が発足したが、これはその名の示すとおり連合国戦争犯罪委員会の一部でしかなかった。「カイロ宣言」では日本を明確にそして積極的に取り上げ、米・英・中の三国は「日本国の侵略を制止し、且之を罰する為今次の戦争を為しつつあるものなり」と明記している。一九四五年七月二六日の「ポツダム宣言」はこの「カイロ宣言」の考えにもとづき、それを更に具体的にしたもので日本に対する降伏の最終条件を示したことは周知のことである。この宣言の第十項では戦争犯罪人の処罰を明記している。

第二の相違点はこのポツダム宣言に関連している。これは連合国と日本との関係だけをあつかったもので、ここでは例えばドイツはまったく関係ない。ポツダム宣言を受諾した日本としては当然ながらその後の連合国との関係はすべてポツダム宣言に記された事項にしたがって処理されるものと解釈し、これはその後の誤解と議論の原因となった。

一九四六年五月十三日の東京裁判において、清瀬一郎弁護人はこの点を指摘し次のように述べている。東京裁判には平和に対する罪と人道に対する罪について裁判する権限はない、なぜなら日本は一九四五年七月二六日のポツダム宣言を受諾しこれに記述されていた第十条の連合国の俘虜に対して残虐行為をした者を含むすべての戦争犯罪者に対して裁判がされるという条項を受け入れた、そして九月二日の降伏文書の署名によってポツダム宣言が確認され受諾された、したがって日本と連合国の両者はポツダム宣言の条項を遵守しなければならない、第十条による起訴と裁判は受け入れるがそれ以外の起訴は受け入れることができない、なぜなら東京裁判にはその権限がないからである、と弁論した。

清瀬弁護人がなぜこのような主張をしたかという理由は平和に対する罪と人道に対する罪はドイツを裁判にかけた国際軍事裁判条例で初めて明記され、この条例は一九四五年八月八日に制定された。つまりポツダム宣言の日付より後の時点で決められた罪状であるためである。日本は東京裁判が行われることには同意するがそれはすべてポツダム宣言第十条にしたがって裁判されるものでなければならない、ポツダム宣言発表の後で連合国側が勝手に決めた罪状を持ち出して東京裁判をすることは受け入れられない、という主張である。

この五月十三日の裁判速記録をそのまま引用すると清瀬弁護人は次のように述べている。「七月二六日の宣言を解釈するのに、八月八日の資料を以って解釈すると云うことは、矛盾撞着いやしくも法律家のなさざる所であります」。裁判の性質から考えれば当然であろうがこの議論は無視された（このやりとりは現存する映像で詳しく見ることができる）。

第三の相違点は日本にとって有利となった違いである。それまでの日本人が知っていた西洋の法律は原則的には大陸法、つまりフランスやドイツのようなヨーロッパ大陸の国々の法律であった。ところがこの軍事裁判では裁判長も検察もアメリカ、イギリス、カナダ、オーストラリア、ニュージーランドといったように英米法の国々が支配的であった。裁判が英米法の考えにもとづいておこなわれるのであれば、英米法の考えにしたがった形で法廷の進行を解釈し、英米法の考えにしたがった弁護をしなければならない。ところが現実には日本で英米法に詳しい専門家は非常にすくなく、特に英米法にもとづく国際法の法廷で検察に対決できる日本人の弁護人など皆無であった。例えば英米法では「共同謀議」という概念を持ち出して起訴をしたが、これは大陸法ではあまり用いられない考えで、これに対して弁護する日本側にとっては不利であった。

この問題を理解した外務省は、アメリカやイギリスなどの英語圏出身で英米法に詳しい弁護人に日本側の弁護を依頼することを提案した。これは日本人の弁護人たちにとっては寝耳に水の発想で、連合国出身の人間が日本人の被告たちを良心的にそして有能に弁護などできるわけがない、と反発した。ことに清瀬一郎弁護人などは大反対であった。しかしニュールンベルグでの裁判ではドイツ人の弁護人しか認められず、それがドイツ側にとって不利になったと理解した日本は、連合国側からの英米法に詳しい弁護人を依頼することで意見がまとまり、外務省の太田三郎終戦戦犯室長がニュージーランド出身のH・ノースクロフト代理裁判長にこのことを要請した。この要請は以外にも好意的に受け入れられ、このような事項に関して最終的な判断をできる権限をもっていた連合国総司令部は一九四六年三月十九日付の書簡でアメリカ人弁護人二五人を派遣すると回答した。この回答は約束どおり実行され、このように連合国出身の弁護人が元敵国の被告を弁護した点がニュールンベルグと東京での裁判の三つ目の違いである。

第二章　裁判で争われた問題点

二一世紀始めの時点で日本の人口のほとんどは戦後生まれであり、占領軍に命令された学校教育を受けたり、またその影響下の思想にもとづく教育を受けてきているというのが現実である。このような思想的環境では、初等・中等教育の関係者は太平洋戦争に関してはすべて事なかれ主義で対処していくのがもっとも安易な生き方であった。そのために学校の社会科や歴史の先生は昭和の歴史に関しては時間をかけずにごく簡単にすませてしまう傾向があった。

筆者自身の場合でも中学・高校の歴史の時間では奈良・平安時代については大変詳しい授業であったが江戸時代に入った頃から次第に簡単になり、大正・昭和の時代になると更に省略された授業であった。これはどこの中学・高校でも似たようなものであったと思われる。授業では取り上げない、何も言わない、という方針であれば問題にはならないが、生徒としては教わるべきことを教わっていないという結果になる。

たしかに講和条約が締結され日本が独立した後は、憲法に保障されている言論の自由にしたがって太平洋戦争をより客観的に考察し、東京裁判、占領政策の内容、占領の現実などについて批判的に取り上げた書籍や論文が公にされているのは事実である。しかし既に戦後の日本である特定の世界観、歴史観が明確に形成されてしまった以上、ほとんどの日本人にとってはこの種の出版物は何となく縁遠く感じ、あまり読む気にならない。情報源が数多く存在しても、それらを活用する気にならないというのが現状を描写するのにもっとも適切な表現であろう。

東京裁判が行われている時に生きていた日本人の場合でも、この戦争裁判についての客観的で批判的な知識は事実上なかったと言っても過言ではない。この時点での日本では商業放送はなく、放送はラジオだけでテレビはなかった。したがって放送されていたのはＮＨＫのラジオだけであった。新聞や雑誌は出版されていた。しかしこの限られた情報源はすべて占領軍によって厳しく検閲されていて占領軍（以下当時の日本でより一般的に用いられていた進駐軍という表現を用いる）や軍事裁判について批判的な発言はまったく不可能であった。

このように日本の戦後史を考え直してみると、我々はあまりにも東京裁判なるものの内容とその経過について知らない。または知らされていない。個人が政治的にどのような立場をとるかは自由である。しかしある特定の政治的観点を選ぶ前に、できるだけ多くの客観的事実について知っておく必要がある。この軍事裁判に関するすべての事実について知ることは現実的に不可能であるかもしれない。また得られた知識は実際には客観的に見て正しくないのかも知れない。しかし可能な限り、できるだけ多くの事実を知っておくべきである。その後各個人が自ら注意深く考え、自ら判断して政治的な立場を取りたければそれでよい。これをしないで単に他人の考えを鵜呑みにし、それを狂信し、あれこれ行動するのは責任ある社会人とは言えない。しかし残念ながら現在の日本では政治家、作家、評論家、芸能人、などといった人たちがこのような無責任な発言や行動をしている。

問題になった三種類の戦争犯罪

戦争犯罪人として起訴された被告はA級、B級、C級の三種類のいづれかの戦争犯罪を犯した罪で裁判されたのは一般に知られている。しかしこの三種類の認識そのものが問題であった。定義そのものは次のようになっている。

A：平和に対する罪。すなわち、宣戦を布告せる又は布告せざる侵略戦争、もしくは国際法、条約、協定または誓約に違反せる戦争の計画、準備、開始、または遂行、もしくは右諸行為のいずれかを達成するための共通の計画または共同謀議への参加。

B：戦争犯罪。すなわち、戦争の法規または慣例の違反。

C：人道に対する罪。すなわち、戦前または戦時中なされたる殺人、殲滅、奴隷的虐使、追放、その他の非人道的行為、もしくは犯行地の国内法違反たると否とを問わず、本裁判所の管轄に属する犯罪の遂行としてまたはこれに関連してなされたる政治的または人種的理由にもとづく迫害行為。

このように定義された三種類の戦争犯罪を考察する前に、東京裁判が開始される時点までの戦争犯罪についての考え方の歴史を振り返ってみる必要がある。国際的にはこの時点までの法の専門家、特に国際法の専門家が有効なものとして明確に意識していた戦争犯罪に関する条約はジュネーブ条約とハーグ条約だけであった。

ジュネーブ条約はスイスのジュネーブで赤十字国際委員会主導のもとに締結されたもので、戦争の結果生じた捕虜の人道的取り扱いを要求したものである。これは実際には一八六四年、一九〇六年、一九二九年の三回の決議よりなっている。

ハーグ条約は一八九九年にオランダのハーグで開かれた万国平和会議で決議されたもので、正式にはハーグ陸戦条約と呼ばれる。その名の示すとおり、これは陸戦、つまり陸上での戦争についてのもので、一九〇七年に同じくハーグで開かれた第二回万国平和会議で改定されている。その内容は交戦国、宣戦布告、戦闘員、非戦闘員などの定義のほかに、ジュネーブ条約とも重複して捕虜や傷病者の扱いが取り上げられている。

ハーグ条約の最も重要な意義はある特定の種類の兵器の禁止を明記してあることで、毒を用いた兵器や「不必要な苦痛を与える兵器、投射物、その他」を禁止している点である。これを読んで誰でも直ちに考えるのは原子爆弾の使用であろう。事実日本側のアメリカ人弁護人ブレークニーは一九四七年三月三日の東京裁判で原子爆弾の使用はハーグ条約第四条に違反したアメリカが犯した戦争犯罪であると弁論したが無視されてしまった。

第一次世界大戦後、敗戦国となったドイツの元皇帝ウイルヘルム二世を裁判にかけることが連合国側で提案されたがウイルヘルム二世はすでにオランダに亡命しており、オランダが身元引渡しを拒否したため裁判にはならなかった。戦争処理のパリ講和会議では残虐行為を行ったと見なされたドイツ人をドイツ自らの権限で裁判することが決められ、一九二一年からライプチッヒで裁判がおこなわれ、数人の被告が軽い懲役刑の判決を宣告されただけであった。このライプチッヒ裁判で注目すべき点は二つあり、ドイツ人がドイツ人を裁き戦勝国が敗戦国の被告を裁いたのではなかったこと、そして戦争時の軍事的・政治的指導者は事実上戦争責任を問われなかったことである。

第二次世界大戦になると戦争犯罪にたいする考え方に変化が見られる。その最大の理由はヨーロッパにおけるナチスの侵略とその残虐ぶりであった。一九四二年一月十三日に被害国の代表がロンドンのセント・ジェームス宮殿に集まり、ナチス・ドイツの犯罪を罰することを宣言文によって決議し、これを後のニュールンベルグ裁判の基礎と見なすことができる。一九四三年十一月一日にはアメリカ、イギリス、ソ連外相の会談の結果モスクワ宣言が発表され、ドイツの戦争犯罪が明確に取り上げられた。そしてその裁判はライプチッヒ裁判のようにドイツ人が裁くのではなく、ドイツの被害を受けた国々が裁くものと決められた。

その後一九四五年八月八日にロンドンでアメリカ、イギリス、フランス、ソ連の四ヵ国代表が集まり、国際軍事裁判所条例が決められた。この条例は三十条からなり、その第六条で戦争犯罪が定義された。ここで重要なのはそれまで一般的に考えられていた戦争犯罪の意味が拡大され、「平和に対する罪」と「人道に対する罪」も戦争犯罪であるとされている点である。それまで知られていた戦争犯罪はそのまま残り「戦争犯罪」と記されている。これがBとして分類された戦争犯罪であり、新しく考え出された戦争犯罪はそれぞれAとCとして分類された。このAとCが「平和に対する罪」と「人道に対する罪」と呼ばれることになった。

これら二つの新しい戦争犯罪はナチス・ドイツの行動とその莫大な被害を強く意識したヨーロッパでの発想であり、この発想がそっくりそのまま日本に対する裁判にも適用された。それが極東国際軍事裁判所条例と呼ばれるもので、題名が示すとおり日本を対象にしている。ここで注意すべき点はこの条例は日本のポツダム宣言受諾の時点はもちろん、ミズーリ号上での終戦文書に日本代表が正式に署名した時点より後である一九四六年一月十九日に発効したという事実である。

前例のない三種類の戦争犯罪

このような歴史的な背景のもとに実行された東京裁判には多くの問題点があり、批判されてきた。東京裁判の進め方、議論の仕方、法の解釈、歴史の事実を取り上げるが否か、などについてはすでに多くの本や論文があり、日本人ばかりでなく、外国人、とくにアメリカ人によっても指摘されているのでここではその要点を簡単に述べてみたい。

第一に裁判が始まった時点ではある特定の戦争犯罪に対し、どのような刑を課するかはまったく決まっていなかった。これはＡＢＣの三つの犯罪の起訴の場合すべてに言えたことであったが、ＢＣ級の裁判では特に顕著であった。その理由はＢＣ級裁判はアジア各地で行われ、当然の事として文化的な違いが現れ、言語の違いにもとづく法の解釈の相違もあり、裁判担当者の主観的判断が強く影響を及ぼしたとされている。裁判される側にとっては法は公平・公正でありたいと求めるのは当然であるが現実はこれには程遠いものであった。そしてA級の場合には先例も条約も慣例も存在しなかった。A級の「平和に対する罪」なるものがそれまで存在していなかったためである。

事後法の問題

第二に「平和に対する罪」が東京裁判で取り上げられたことによって事後法の問題が現れた。事後法とはある出来事に対し、後になってからそれに対する法を決め、その法に従って罰することである。これが事後法と呼ばれる。事後法を禁止することは近代・現代西洋文明では明確な原則として大陸法、英米法のどちらでも広く認められている。検察側の立場にあった国々を調べてみると、アメリカの憲法は第一条の第九項で事後法を明確に禁止している。カナダ、ニュージーランド、ロシアでも禁止されている。オーストラリアでは法的に禁止はされていないが常識として事後法を施行することはしない。フランスでは被告に有利になる場合に限り事後法が可能である。唯一の不明確な国はイギリスで事後法が認められる可能性は存在する。ただしこれは可能性の話でこれが慣習ではない。

事後法の問題は常識で考えてみればすぐに理解できる。法的に合法的であって、またそれを信じて行動したのが後になって犯罪行為とみなされ罰せられるのであれば正直に言ってどう生きていったらよいのかわからない。ある日突然自分の過去の行動が犯罪行為であると告げられ、逮捕され、裁判の結果罰せられるのではとても文明国の出来事とは言えない。しかしこれが東京裁判でおこったのだと日本でも海外でも指摘されている。

ニュールンベルグでの裁判は国際軍事裁判所条例にもとづいて行われたが、この条例の歴史に注意していただきたい。これは一九四五年八月八日にロンドンでアメリカ、イギリス、フランス、ソ連の四ヵ国が調印したものである。これは日本が降伏することを勧告したポツダム宣言が公にされた七月二六日より後である。

すでに引用されたように清瀬一郎弁護人はこの七月二六日付のポツダム宣言を受諾した日本にその後に調印された国際軍事裁判所条例を適用するのは明らかに事後法で無効であると主張した。しかも日本を裁判するための極東国際軍事裁判所条例は一九四六年一月十九日に発効となっている。日本が降伏したのは一九四五年八月十四日で、ミズーリ号上での降伏文書調印は同年九月二日である。どう考えてもこれは事後法の適用であるとしか考えられない。

これに関し、旧海軍の国際法関係担当であった榎本重治書記官は一九五〇年七月三〇日付の文書で次のように述べている。戦時中の日本中枢部で仕事をし、東京裁判には深くかかわり証人として出廷もした人物の重要な見解である。彼は「平和に対する罪」を東京裁判で取り上げるのは疑問であるとしている。そして通常の戦争犯罪にはほぼ確定した法規慣例があるが「平和に対する罪」の適用をするのは事後法によるか、または任意の裁量によるしかなかったはず、と述べている。そして結局はこの裁判は「政治裁判であったと感じざるを得ない」と述べている。

時効についての不明確な点

第三にニュールンベルグでも東京でも犯罪の時効は決められていなかった。したがって戦争犯罪なるものを語る場合、過去にさかのぼってどの時点までの犯罪を起訴することができ、それ以前に発生したまったく同じ犯罪でも時効によって起訴できないという結果にはならなかった。一九四六年四月二九日の東京裁判での起訴状は一九二八年一月一日から一九四五年九月二日の間の日本の行動を侵略戦争と定義しているがその根拠ははなはだ不明確である。

この時効の問題は一九六八年十一月二六日の国連第二三回総会で取り上げられ、「戦争犯罪および人道に対する時効不適用条約」が賛成多数で採択された。これを現在の時点で解釈すれば、今からでも遅くない、西洋諸国がアジア、北・中・南アメリカ、アフリカ、大洋州などで十六世紀以来大々的に行った侵略行為は戦争犯罪として告発できるわけである。これから考えても、日本の行動を特定の期間に限り、それを侵略戦争として告発の対象にしたのは裁判で西洋の侵略戦争が取り上げられるのを避けるためと見なすこともできる。

無視された連合国側の戦争犯罪

第四に、これと関連している事項であるが、東京裁判は日本の戦争犯罪を裁くという理由のため、日本側の犯したのとまったく同じ連合国側の戦争犯罪はすべて無視された。豊田隈雄は『戦争裁判余禄』の中で次のような連合国側の戦争犯罪を指摘している（三八三ページ）。（一）ニュージーランド、ならびにオーストラリアのカウラでの日本人捕虜の虐待と殺害、（二）日本人で最初に俘虜となった酒巻少尉の虐待、（三）撃沈された日本船舶の乗組員に対する機銃掃射三四件、（四）シンガポールのチャンギー刑務所内の戦犯未決囚虐待、（五）原子爆弾の投下、（六）ドウリットル爆撃隊など米軍による無差別攻撃、（七）バリクパパンの日本の作業隊に対するオーストラリア軍とオランダ軍による虐待、などである。

戦争末期になり日本の負け戦になると、アメリカ軍の捕虜になる日本兵は多くなったがアメリカ側の統計によればその数は逆に少なくなっている。これはアメリカ軍が捕虜になった日本兵を直ちに殺害していたためと推測されている。文明国を好戦的に侵略した野蛮国を裁くのだ、といったような考えが東京裁判の方針であったため、その実態は戦争犯罪は日本だけが犯したもので、文明国の集まりである連合国はそのようなことはしていないという態度をとっていたのであった。

真珠湾攻撃は奇襲であったのか

第五に真珠湾攻撃は宣戦布告なしの奇襲攻撃であったかどうかの問題がある。客観的に知られている事実によると、日本の宣戦布告文書はワシントンで野村吉三郎大使からハル国務長官に手渡されたが、これは真珠湾攻撃の開始より五五分後のことであったとされている。これに強く反発したアメリカは「リメンバー・パールハーバー」という表現を用いて日本に対する敵意と憎しみをかりたてたのであった。検察側はこれは宣戦布告なしの奇襲攻撃であるとし、一九〇七年のハーグ条約第三条に違反したものと強行に追及した。

ここで筆者が感じるのは、ハーグ条約は正式にはハーグ陸戦条約と呼ばれ、日本語の「陸戦」は英語では「ワー・オン・ランド」、フランス語では「ゲール・スール・テレ」となっており、これら三ヵ国語ではその意味は一致している。真珠湾攻撃とは真珠湾に停泊していたアメリカ海軍太平洋艦隊を攻撃したものであり、これは陸上ではなく海上でおこった出来事である。海上での攻撃を陸戦条約に違反しているとする議論が成り立つのであろうか。筆者はこれまでの調査でこの点を指摘した文献を見たことがない。

検察側は宣戦布告が攻撃開始から五五分後になったことは卑怯な「だまし討ち」であったと追及したが、弁護側は次のような理由をあげて反論した。清瀬一郎弁護人は一九四七年二月二四日に開始された弁護側反証で三つの事実を指摘している。

1 真珠湾攻撃はハワイ時間で十二月七日午前七時五五分に開始された。しかしハワイ時間同日六時三三分から五五分の間にアメリカ海軍はハワイ近海で日本の小型潜航艇を撃沈している。これはあきらかに真珠湾攻撃以前の出来事で戦争を始めたのは日本ではなくアメリカである。

2 この事実を裏付けするのは日本の外務省からワシントンの日本大使に送られた宣戦布告の通告文がアメリカ側によって傍受され解読されていたためである。通告文は十四部からなり、そのうち最初の十三部はワシントン時間で六日夜までに送られ、最後の十四部は翌七日早く送られている。傍受し解読されたこれらの文書はすべてアメリカ側によって解読されていた。ルーズベルト大統領は六日午後六時半ごろ十三部を読んでいる。そしてこれを読んだ後、ルーズベルトは「これは戦争を意味するのだ」と発言している。この発言も真珠湾攻撃の始まり以前である。

3 十一月二七日にアメリカ陸海軍作戦部長と陸軍参謀総長はハワイ地区の軍隊に「戦争の

警告」を通告し、日本の攻撃の前に偵察を実行すべしと指令をしている。これも真珠湾攻撃以前のことである。

弁護側反証に続いて一九四七年八月十三日から八月二〇日まで弁護側の立証が行われた。ここではアメリカ出身の日本側弁護人ベン・ブルース・ブレークニーが活躍し、アメリカ陸軍のブラットン大佐を法廷に証人として立たせている。ブラットン大佐は真珠湾攻撃前後の時点でアメリカ陸軍省作戦局軍事諜報部極東課長であった。彼は法廷に口供書を提出して証言したのであった。その内容は次のようなものである。

アメリカは日本から暗号書を処分するようにとの指令が十二月三日に日本大使館に向けて出されたことを暗号解読して知り、日本大使館の状況を観察した。そして大使館の裏庭で職員が書類を焼却しているのが目撃され、これは外交断絶または開戦を意味していると解釈された。六日に日本から発信された最後通牒も傍受され解読された。その結果マーシャル陸軍参謀総長は「厳戒を要す」という至急電を発信しこれは更に七日の昼すぎ、十二時五分にマニラ、十一分にサンフランシスコの第八軍、十七分にハワイに向けて発信された。

自衛権の問題

第六に日本のおこなった戦争は自衛のためかどうかが問題となった。これは更にはそれが侵略戦争であったのかという問題になる。そしてこれらの議論の出発点は一九二八年にパリで署名されたパリ条約またはケロッグ・ブリアン条約と呼ばれる取り決めである。アメリカは第一次世界大戦に参戦したが、その十周年を記念してフランスのブリアン外相がアメリカのケロッグ国務長官に両国共同で戦争放棄の宣言をすることを提案した。最初はこの二国だけの宣言のつもりであったがアメリカはそれより多くの国にも参加を呼びかけることを提案した。その結果一九二八年四月にドイツ、イギリス、イタリア、日本にも参加が求められた。最終的には四五ヵ国がこの条約に参加し、日本は一九二九年六月二七日に批准をし、同年七月二四日にアメリカ国防省に批准書を寄託した。批准した国は合計十五ヵ国であった。日本政府は七月二五日付の官報号外で条約書、批准書、宣言を公布した。

この条約の根底にあったものは第一次世界大戦の被害と戦争の悪を直接体験したヨーロッパの国々が、戦争にはこりた、もう戦争はしたくない、という切実な感情であった。感情が先走って出来上がった取り決めであるため、条約そのものは熟考して書かれた文章ではない。事実この「戦争放棄に関する条約」の条約本文はわずか三条でしかない。第一条では戦争を放棄すること、第二条では紛争は平和的手段で処理または解決すること、第三条では各国がそれぞれの憲法にしたがって批准し、それをアメリカに寄託すること、が簡単に述べられているにすぎない。簡単なのはよいが、あまりにも簡単すぎて不明確さがあり、それが問題になった。

最大の問題は第一条に述べられている「戦争」の意味である。例えば「戦争」とは侵略戦争のことなのか、自衛戦争のことなのか、またはその両方を含むのか、である。更には侵略戦争と自衛戦争はそれぞれどのように定義するのかも不明確である。一九二八年八月二七日のアメリカ上院外交委員会での質疑に対しケロッグ国務長官は、自衛権は主権のもとにある領土の防衛に限られていない、自衛権がどんな行為を含むかについては各国みずからが判断する特権を有する、と明言している。

はっきり言ってこれではまったく意味のない、そして存在意義のない表現であり、この欠陥が後日そっくりそのまま東京裁判で議論されることになった。検察側は日本は批准をしているにもかかわらず、ケロッグ・ブリアン条約に違反して侵略戦争を犯した、と非難したが弁護側は日本の行動は自衛戦争であり、アメリカは過去において自衛権がどんな行為を含むかは各国みずからが判断する特権を有するとしていると反論したのである。

したがって日本がこの戦争は自衛戦争であると主張すればそれが正しいことになり、日本はケロッグ・ブリアン条約には違反していないことになる。ここで付記すべきことは、ケッログは上院外交委員会で、自衛権を行使した場合、その判断が世界の他の国々によって是認されないかもしれない、とも述べている。この考え方によれば、ある国がその軍事行動は自衛のためと主張してもこれに敵対する国はそれは自衛ではない、侵略である、と主張できる。そして事実これが東京裁判で観察された出来事であった。

ジャクソン報告書の指摘する問題点

一九四五年六月二六日にロンドンでイギリス、フランス、ソ連、アメリカの代表により、いわゆる「ロンドン会議」が開かれ、会議の結果は文書に作成されて八月八日に署名された。会議の開始された時点ではすでにドイツは降伏し、会議中にはポツダム宣言も出されており、この会議はドイツと日本の占領と戦争犯罪の処罰を考えていたものであった。会議の内容は後にアメリカ代表のジャクソン判事によってまとめられ、トルーマン大統領に提出された。これは「ジャクソン報告書」と呼ばれている。しかしこの報告書はなぜか東京裁判では参考にされていなかった。日本側弁護団は東京裁判終了後、ブレークニー弁護人を介して初めてその詳しい内容を知ることができたのであった。これは一九六五年に法務大臣官房司法法制調査部によって『R・H・ジャクソン報告書』として刊行されている。

この報告書はロンドン会議の開かれた時点がほぼ戦争終了時であり、連合国側が戦後処理の具体的・現実的な問題を処理するという切迫した課題に直面していた事実を明白に示している。豊田隈雄は『戦争裁判余禄』の中で東京裁判に深く関係している問題点を次のように簡潔に列記している（三四―三五ページ）。

1 A級裁判を行う方法については条約も先例も慣例も存在しなかった。

2 普通法の国であるアメリカとイギリスと、大陸法の国であるフランスとソ連の間には法の思想と伝統に大きな違いがあった。

3 アメリカは条例の中で「侵略の定義」を明記することを強く主張し、これは最も議論された点の一つであったが、結局アメリカはその主張を受け入れさせることができず、これは条例の欠点の一つとなった。

4 「共同謀議」の概念は英米法で発展したものであるが、大陸法の考えではこれを原則として受け入れておらず尊重もしていなかった。最終的には大陸法系のフランスとソ連も条例中の犯罪の一つに加えることに同意した。

5 この条例は国家よりも個人が国際法違反に関し責任があるとの原則を定め、そのような違反者に共同謀議の原則を適用することとした。

6 戦争は国家の行為であるから個人の責任は問われないとする従来の責任解除の特権を拒否している。さらに上司の命令による行為であっても、被告人の責任を解除しないことを規定している。

7 この条約のもう一つの特徴は証拠に関する要件を緩和し、裁判所において証明力ありと認めるいかなる証拠も許容し、かつ証拠に関する法技術的規則に拘束されてはならないという原則を採用した。

第三章　日本を弁護したアメリカ人弁護人たち

ドイツ人の弁護人しか認められなかったニュールンベルグ裁判とは異なり、東京裁判では日本人以外の弁護人も認められ、しかもそれは二五人のアメリカ人であった（ただし実際に法廷で弁護したのは二〇人であった）。常識で考えれば元敵国の国民、しかも戦争犯罪人としてアメリカはもちろん、日本国内でさえも悪者扱いにされていた日本のそれまでの上層部の権力者たちをアメリカ人が弁護するなどということは考えにくかった。仮に弁護するとしてもそれは検察側にかたよったもので、世界に東京裁判が公正で客観的なものであると示す茶番劇の一部であると考えやすい。

したがって日本側の清瀬一郎弁護人などはアメリカ人弁護人が参加することに強硬に反対した。しかし現実的な問題として裁判は英米法にしたがったものであり、大陸法で考える日本人弁護人では連合国側の検察に英米法の議論をもって対決するのは無理であった。その結果外務省の意見にしたがってアメリカ人を日本側の弁護人に依頼することになった。

しかし実際にこれらのアメリカ人弁護人たちが仕事を始めてみると、日本側は驚いてしまった。単に事務的に仕事をしてそれに対する報酬を受けるなどという感覚で弁護をしたのではなく、英米法を理解し、それにしたがってできるだけ日本側に有利に議論して検察側に対決するという態度が明白に見られるようになった。この事実は当時も、現在の日本でも、アメリカでもあまり知られていないのでこの章で彼らアメリカ人弁護人たちについて特に記述することにする。

ベン・ブルース・ブレークニー弁護人

何と言っても最初に取り上げなければならないのはブレークニー弁護人である。ブレークニーは一九〇八年七月三〇日にオクラホマ州のショウニーという町で生まれた。ショウニーはオクラホマ州のほぼ中心にあり、人口は現在でも三万人足らずの小さな町である。彼はここから距離的に近いオクラホマ大学で学び、その後ハーバード大学法学部を卒業している。一九四二年に陸軍の軍人になり、日本関係の仕事に従事した。日本語に堪能で日本人捕虜の尋問もしている。

当時のアメリカで日本語に堪能なアメリカ人は大変な希少価値であったがブレークニーは単に

日本語ができるというだけではなく、日本の歴史や文化についても学問的な知識をもっていたとされている。アメリカで法律についての専門教育を受けていること、日本語ができ日本についての詳しい知識をもっていたことは日本側弁護団にとって最大最高の武器であった。

そして彼の経歴で特に注目すべきはオクラホマ州の、しかもショウニー出身であるという点である。日本ではオクラホマ州と言えばせいぜいミュージカルの『オクラホマ』を連想するぐらいであろうが、一般のアメリカ人が考えるのはこの典型的な中西部の州で絶えず発生する大規模な竜巻、そしてアメリカ・インディアンであろう。

オクラホマ州というのはアメリカ連邦政府がアメリカ各地の多くの地域に住んでいた数々のインディアン種族たちを強制的に移住させた場所である。これは一八三〇年五月二八日にアンドリュー・ジャクソン大統領によって署名され発効した「インディアン移住法」にもとづくものである。このようにインディアンたちを集中させた土地は「インディアン・テリトリー（インディアン居住地）」と呼ばれ、これが後にオクラホマ州になったという歴史がある。

ブレークニーの出身地であるショウニーも南北戦争の後アメリカ連邦政府がインディアンを移住させた結果できあがった町で、ショウニーというのはそのようなインディアンの一種族の名前である。当然ながらこれら強制移住させられたインディアンたちはそれに反対したが、政府はインディアンに対してはすべて力をもって対決してこの強制移住をさせたのであった。強制移住させられたインディアンの数は数万人であったとも言われている。これはスターリニズムの民族強制移住にも匹敵する。中でも一八三八年に現在のジョージア州から移住させられたチェロキー族の悲劇は「涙の道のり」と呼ばれて広く知られているが、他の強制移住も似たようなものであった。

ＢＣ級裁判の一つとしてマニラ軍事裁判でアメリカ軍とフィリッピン軍の捕虜ならびに民間人にいわゆる「バターン死の行進」を強制したとして河根良賢少将は有罪になり処刑された。しかしこの事件を非難するアメリカは過去においてこのような犯罪を犯しているのである。さらに付け加えれば「バターン死の行進」で移動させられた距離は約一二〇キロ、部分的にはトラックや鉄道が用いられ、実際に行進させられた距離は三日間で合計約六〇キロであったとされている。

これに対し現在のジョージア州から現在のオクラホマ州までの道のりははるかに遠く、直線距離で推定しても一五〇〇キロもあり、実際に移動させられた距離は一九〇〇キロであったとも言われている。馬、馬車、ボートなどを利用した場合もあったが、ほとんどの移動は徒歩によってであった。移動始めの時点では一万五〇〇〇人であったが途中で四〇〇〇人が死亡している。したがってこちらの強制移住のほうがはるかに非人道的であったのは明白である。明記しておくが筆者は「バターン死の行進」を正当化しているのではない。それを非難するアメリカも歴史上それよりはるかにひどいことをしている点を指摘しているだけである。

このような歴史的背景があるため、オクラホマ州以外に住んでいるアメリカ人は半分軽蔑的に

「オクラホマから来た人間にはインディアンの血が入っている」などと言うこともある。しかしそれと同時にオクラホマ出身でオクラホマで教育を受け、インディアン虐待について習っているアメリカ人にとっては「インディアンの血が入っている」かどうかに関係なく、強い正義感を持つ可能性が考えられる。オクラホマ州の歴史とそのインディアン虐待の過去はオクラホマ人の常識なのである。

オクラホマ州最高の大学であるオクラホマ大学の出版部はインディアン関係の学術書出版で有名であり、オクラホマ州全体としてこのような「インディアン意識」とでも言うようなものと絶えず発生する竜巻に負けずに生きてゆく思想がブレークニー弁護人の心の底にあったのかもしれない。不当に対して戦う正義感と何に対しても負けない闘争心がブレークニー弁護人の職業意識であったとしても少しも不思議でない。

ブレークニーの職業意識

ブレークニーは一九四六年に東京裁判での弁護を始めたが、彼はこの時三七歳であった。その仕事ぶりは仕事熱心というか、よい意味での「古きよき時代」のアメリカ人とでも言うべきもので「アメリカ人である自分が元敵国の被告たちを弁護してやるのだ、ありがたく思え」などという意識は皆無で弁護のための資料を精力的に集めた。その多くは日本人弁護人にとってはとてもできなかった仕事である。

その献身的な仕事ぶりも驚嘆に値するもので、審理が終わりに近づいた頃には、ブレークニーは夜中の一時になっても下着一枚で額から流れ落ちる汗をぬぐいながらすざましい形相で懸命にタイプライターを打ち続けていたとのことである。その姿が目に見えるようである。ブレークニー同様に二人のアメリカ人の女性タイピストも懸命に補助をしていたがそれでも追いつかず、ブレークニー夫人も参加してタイプを打っていたとのことである。これらのアメリカ人が見せた仕事に対する真摯さには頭が下がる。東京裁判の影に隠れた歴史の事実として日本人は銘記しておくべきであろう。

東京裁判で日本側の弁護人として大活躍をしたブレークニーは裁判終了後も日本に残り、日本人弁護人であった馬場東作弁護士と共に東京日比谷の日活国際会館に法律事務所を開設した。進駐軍と日本の業者の間の取引や特需に関する発注受注の契約、さらには進駐軍関係者の民事訴訟などを取り扱っていた。弁護士として高収入を得ていたようで自家用機二機を所有し仕事に利用していた。その一方、一九四九年以後は東京大学法学部で講師もし、慶応大学でも教えていた。

ところがこの職業的成功が災いし、自ら操縦して東京から沖縄に飛んでいたセスナ機が一九六三年三月四日に伊豆の天城山に激突し、同乗していたマーゴ夫人と共にわずか五四歳で劇的な死を遂げた。遺書が残されていて、それによると東京の番町にあった自宅などの遺産は世話になった日本人に贈られることになっていて、その中にはメイドを務めていた日本人女性も含まれていた。現在東京の青山墓地に夫妻の墓があるとのことで、それには同じくアメリカ人で日本側の弁護人をつとめたジョージ・A・ファーネスの書いた「最も日本を愛した人」という文字が彫られているとのことである。

いずれにしてもブレークニーの短い生涯は波乱万丈という表現にふさわしい。元敵国日本の側に立ち、アメリカ人でありながらアメリカに立ち向かって日本を弁護した勇気と、偏見を持たずに法を解釈し自分の解釈を強く主張するというのは並大抵の人間のできることではない。これから考えても彼のオクラホマ州ショウニー出身という背景が大きく意味をもっているのではないかと感じる。

私事であるが実は筆者は一九四六年に伊豆半島の伊豆長岡町でアメリカ兵の操縦するセスナ機が低空飛行をしたため松の木にひっかかり墜落したのを目撃している。これはもちろんブレークニーの死よりは以前の事故であるが、その生々しい記憶とブレークニーの事故死を重複して考えてしまう。そして筆者が気になるのは遺書があったという点で、ここには自殺の可能性もあったのであろうか。いずれにしてもこの人物の一生には深く考えさせられるものがある。

日本人の気性として何らかの事件の後その現場に記念碑などを建てることをするが、天城山にはブレークニー夫妻の記念碑はないようである。アメリカ生まれの現職のアメリカ陸軍軍人が敗戦国日本の立場をよく理解し弁護し、毅然としてアメリカに立ち向かったブレークニー弁護人には日本人には大いに共感できるある種の新派的または浪花節的な意気がある。このように考えると日本人は彼についてもう少し知るべきで、ノンフィクションを専門とする作家どなたかにブレークニーについて詳しい本を書いていただきたいと思う。

ブレークニーの弁護人としての仕事

これまでブレークニーの経歴と人となりについて簡単に述べたが、彼は弁護人としてどのような活動をしたのか以下列記してみたい。まず一九四六年五月十四日の法廷では、戦争は犯罪ではない、と主張し更には、真珠湾攻撃と原子爆弾投下を同類の行動とし、真珠湾攻撃が殺人罪であるならば原子爆弾投下の責任者が誰であるか皆知っている、などと発言している。ここまで明確にそして強硬に発言するとは裁判長も検察側も弁護側も予想していなかったようで、法廷に着席していた関係者すべてが驚いた、というのが真実のようである。この時の法廷の状況は現在でも存在する映像で見ることができ、残念ながらその一部分でしかないが一九八三年に講談社で発行された映像のＤＶＤ版を見るのが一番簡単な方法であろう。彼の雄弁ぶり、そして力強く弁舌する劇的な存在は一見の価値が充分ある。
以下この時のブレークニー弁護人の発言の一部を再現すると次のようになる。英語の原文から筆者が日本語に訳したものであるが日本語で書かれた速記録も参考にした。

ブレークニー：私の最初の点は戦争は犯罪ではないということである。戦争という概念そのものが法的に力を行使する権利を意味する。戦争についての国際法というものが存在することと自体が戦争が合法である証拠である。なぜなら合法である関係のみが方法や原則について規制をし管理をする必要があるからである。もし法そのものが非合法であるならば戦争はどのようにして開始され、宣戦され、実行され、終了されるかについての一連の法には存在意義がない。これは戦争が正当か不当か、合法か非合法かなどの問題に関係なく真実である（二〇一―二〇二ページ）。

ブレークニー：文明の歴史をさかのぼって考えてみても、戦争を計画したり実行したりという行為がこれまで犯罪として法廷で審議されたことはない。したがってこの審議には前例となるものは何もない。前例のないことは法をより優れたものにすることを阻止できるわけではない、という議論もあるかもしれない。しかし実行された時点では罰則が適用できなかったある行為を、後になって事後法によってそれを犯罪とし罰する前例をつくることは文明国の法すべてにとって憎むべきことである（二〇三ページ）。

これらの発言の後、ブレークニーはナチスの問題を取り上げ、東京裁判をナチスのやり方に比較しているような印象を与えかねない発言をし始めた。その直後に日本語の同時通訳はなくなり、日本語の速記録には「以下通訳なし」となっている。しかし法廷での審議は日本語の通訳なしに英語で続けられたので以下ブレークニーの発言を英語から訳する。発言の中にある「キッド提督」というのは真珠湾攻撃で戦死したアメリカ海軍太平洋艦隊の司令官キッド海軍少将のことである。

ブレークニー：法的に新しい犯罪が考え出された。現在にいたるまで戦争をしかけることが犯罪であるという国際世論が存在したことはない（二〇七ページ）。

ブレークニー：戦争をしかけることが国際的な犯罪であると見なされたことはなく、国際法上で犯罪と見なされたことはない。それが犯罪であることがどれだけ望ましくても今日現在の時点ではそうではない。もちろん我々誰もが知っているように、検察側はここで新しい法を作ろうとしている。検察の方々は事後法によって犯罪を決定することで非常に困惑した立場にあることに気がつくであろう（二〇八―二〇九ページ）。

ブレークニー：私の次の点は戦争とは国の行為であり個人の行為ではないことである。国際法は戦争はすべて国と国との関係であるとしている。戦争に関する条約や取り決めは個人を扱ったものではない（二〇九ページ）。

ブレークニー：もし真珠湾の攻撃でキッド提督を殺したのが殺人という犯罪であるならば、我々は広島に原子爆弾を落下させた人間の名前を知っている。我々はそれを計画した参謀長が誰であるかも知っている。我々はその国の元首が誰であるかも知っている。彼らは殺人罪の意識をもっていたであろうか。そうではなかったと思われる。自分たちの戦争行為が正しく敵側の戦争行為が間違っているからではなく、行為そのものが殺人罪ではないからである（二一二ページ）。

以上がブレークニー弁護人の発言のごく一部であるが、彼の弁論は力強く説得力を持ったものであった。興味のある読者はぜひとも英語の原文を読むことをお勧めする。ウエッブ裁判長も検察側もブレークニーの発言を黙って聞いていたが、その日の法廷はその後終了し、それから三日後の五月一七日の法廷では裁判長はブレークニーの主張すべてを無視し、反論も一切なく、そのままになってしまった。言わせるだけ言わせておいてから無視するという方法によって法廷を公平に見せかけておく一方、自分たちの考える方向に裁判を進めるというやり方を示したわけである。

本書は裁判の記録の詳細を記すものではないのでその後のブレークニー弁護人の重要な主張のみをたどってゆくと、次のようなものが見受けられる。

一九四七年三月三日にはイギリスとソ連はパリ不戦条約（ケロッグ・ブリアン条約）に違反していると指摘し、日本に対する原子爆弾の使用はハーグ条約第四項に違反していると指摘した。

一九四七年八月十三日から二〇日まで真珠湾攻撃の弁護側の立証が行われたが、ブレークニー弁護人はこの攻撃がだまし討ちではないと論証し、すでに述べられたように開戦当時はアメリカ陸軍省作戦局軍事課報部極東課長として日本の外交電報を傍受し、しかも解読していたルーファス・S・ブラットン大佐の口供書を提出し、ブラットン大佐自身も証人台に立った。その内容はアメリカは日本側の事情をすべて把握し、すでに戦闘体制を整えていたというものである。

裁判終了後もブレークニー弁護人は日本側弁護団を代表して連合国総司令官のマッカーサー元帥に一九四八年十一月二一日付の覚書を送付している。この中でブレークニーは裁判が公正ではなかったことを述べ、特に「平和に対する罪」の不明確さを指摘している。問題はその犯罪が法定されておらず負けていない国であれば法定できないものであるので「平和に対する罪」なるものは受け入れることはできないと主張している。

ジョージ・A・ファーネス弁護人

ブレークニーの次に日本側弁護人として重要な役割をはたしたのは疑いなくジョージ・A・ファーネスであろう。ファーネスは一八九六年生まれのニュージャジー州出身でハーバード大学を卒業し、ボストンで弁護士をしていた。第一次世界大戦には一兵卒として従軍し、一九四二年十二月に再び陸軍に入り、一九四四年四月以後はニュージーランド、ガダルカナル、マニラと転々とし、その後東京にやってきたという経歴である。東京裁判では最も長く、最も多くの弁護に関わっていた。

東京裁判の裏表を知り尽くし、被告や弁護人の公的・私的な事実も知っていた豊田隈雄は『東京裁判余禄』と題された大変詳しい情報に満ち、学術的でもある本を書いたが、それによるとファーネスはブレークニーと兄弟のようにつきあい、いつも一緒に行動していたとのことである。ファーネスは一八九六年生まれであるためブレークニーよりは十二歳年上であった。そしてブレークニーが秀才型の学究タイプであったのに対し、ファーネスは温厚で人柄が丸かったと記されている。

ブレークニー同様、審理の終わりに近づいた頃には超人的に働き、ふだんは血色のよいファーネスが痩せて青白い顔になり、歩くとふらふらしていてこれではファーネスは弁論までに倒れるのではないかと周囲の者が心配するほどであった。ブレークニーの悲劇的な死の後は馬場弁護士と共に遺言の執行にあたった。そしてやはりブレークニー同様、東京裁判終了後も日本に永住する意思を持ち、一九五一年十二月に佐藤庄市郎弁護士と共に法律事務所を開設し、日本一流の商社数々の顧問弁護士として国際取引の法律関係の仕事を取り扱った。

趣味は演劇で自らアマチュア俳優として舞台に立ち、彼のような在日外国人のアマチュア俳優・女優の団体である東京アマチュア・ドラマティック・クラブの会長にもなっている。この趣味のおかげでいくつかの日本映画に出演し、日本のテレビドラマにも何回か出演している。例えば一九五八年の東京放送テレビの『私は貝になりたい』で東京裁判での弁護人、そして一九七六年のNHKテレビの『落日燃ゆ』と一九七七年から七八年にNHKで放送された『日本の戦後』、そして一九八四年のNHK大河ドラマ『山河燃ゆ』ではなんと東京裁判の立役者の一人、ウエッブ裁判長を演じたという逸話まである。その翌年、一九八五年四月二日に八八歳で亡くなり、横浜の外人墓地に埋葬された。日本人の夫人はそれより十年前に亡くなっていた。娘は弁護士となりサンフランシスコで開業していたとのことである。

ファーネス弁護人の業績

三〇代の血気盛んの若者として大活躍したブレークニー弁護人と比較すると、十二歳年上のファーネス弁護人の仕事ぶりが地味であったことは否めない。東京裁判に於いて彼の弁護人としての最も記憶すべき貢献は一九四六年五月十四日の法廷での弁論で、戦勝国が戦敗国を裁くのでは公平な裁判はできないから中立国によって裁判されるべきであると主張したことであろう。これもすでに述べた『東京裁判』と題されたDVDで見ることができる。

ファーネスは重光葵被告の弁護の担当もしたが、重光被告が禁固七年の判決を受けたことに不満であった。キーナン検事さえも判決が言い渡された直後に重光被告が有罪になったのは遺憾であったと談話を発表していた。重光元外相は一九五〇年十一月二一日に仮出所を認められたが、裁判終了後もこの事が頭にあったファーネスは一九五二年一月十八日にキーナンに手紙を送り、重光元被告についてどう考えているか文書での回答を求めた。意外にもキーナンはこれに回答し、「この手紙は自由に扱ってもらってさしつかえない」と付記して一九五二年二月九日付でファーネス宛の次のような手紙を書いている。これは一九五二年三月十五日付の『朝日新聞』からの引用である。

「裁判がすすむにつれて、重光氏を引き入れたことが正義と公平に副うゆえんであったかどうかについて、私はますます疑問を持つようになりました。訴訟中止のための手段をとることは、裁判条例は必ずしもその権限を十分に認めていないし、こうした行動は裁判所のしりぞけるところとなろうと考えていました。……率直にいって彼のケースが無罪になることを期待する十分な理由を持っていたのであり、然らざる結果になった時に非常に困惑したのであります。正義と公平の前に私は彼を引入れたことが間違いであったことを確信するに至りました」と述べている。

首席検事であったキーナンがこのような発言を公式に文書の形でしているのはどのように解釈すべきであろうか。キーナンの正直さ、誠実さを賞賛すべきなのであろうか。それとも東京裁判なるものがいかにいい加減であったかを示すものと解釈すべきであろうか。このキーナンからの返信に対し、ファーネスは「私は重光氏のような先見の明があり、米、英両国の友であり、またソ連の事情にも通じた人が追放解除されて、今後活躍できるようになったことを心からうれしく思っている」と述べている。これも上記の『朝日新聞』からの引用である。

重光葵は客観的には無罪であったにも関わらず軽いとはいえ有罪判決を受けたのであった。このようないきさつを知らない、または知ろうとしない韓国では彼が戦後の日本で政治家として復活し、外務大臣になった時には「戦争犯罪人が返り咲いた」と大騒ぎをした。特定の思想に左右されるマス・メディアが大衆を操作するよい例である。

デヴィッド・F・スミス弁護人

ブレークニーとファーネス以外のアメリカ人弁護人たちももちろん重要な貢献をしたのであるが、本書は彼らの弁護ぶりすべてを詳しく記述するのは省略し、そのうちの数人の主張した要点をここで簡単に述べておく。

その中でブレークニー同様に挑発的な発言をし続け、ファーネスのようにあたかもドラマの中の登場人物のようにふるまったアメリカ人がいた。彼の名前はデビッド・F・スミスである。彼は一九〇三年ワシントン生まれでジョージタウン大学出身の法学博士であった。戦争中のアメリカでの日系人十一万人の強制移住の時にはその法律担当者であった。

東京裁判ではスミス弁護人は広田弘毅被告を担当していたが、一九四七年三月五日に弁護側の一般問題立証が行われているときにドラマを演じた。武藤章被告担当の岡本尚一弁護人が御手洗辰雄証人に尋問しているとき、タヴェナー検事がその尋問ぶりに異議を申し立て、その結果ウエッブ裁判長は尋問の内容を限定するように指示した。

このいきさつを弁護人席で見ていたスミス弁護人はいきなり立ち上がり、「法廷は弁護人の審理に不当な干渉をしているという異議申し立ての権利を保留する」と発言した。ウエッブ裁判長はこの発言が気に入らず、「法廷侮辱を意味する不当なる干渉という言葉を撤回または謝罪せよ」と要求したがスミス弁護人はそれに従わなかった。このため法廷は二五分の休憩に入ることを余儀なくされ、この間にスミス弁護人の発言をどう処理するか協議された。再開された法廷でウエッブ裁判長は「法廷はスミス氏がさきほどの言葉を完全に取り消し陳謝するまで同氏を今後の審理から除外することに決定した」と述べた。スミスは発言を変更する意思も理由もないとしてそのまま弁護人席を退席し、記者席から裁判を見ていた。

その後六ヵ月後の九月五日の法廷に現れたときには過去の発言を取り消すかそれについて謝罪をするような意思表示をした。しかしウエッブ裁判長はスミスの申し出でに対し消極的で難癖をつけるような態度であった。これが気に入らなかったスミスは裁判を去ってアメリカに帰ってしまった。この三月五日と九月五日の出来事は前述の『東京裁判』のＤＶＤで見ることができる。

アメリカに帰ったあとも裁判上の不服を忘れないどころかその非を指摘し攻撃した。一九四八年三月二九日の『シカゴ・トリビューン』紙のインタビュー記事の中で極東国際軍事裁判所は不当で不公平であり検事側にかたよっている、あらゆる方法をもって弁護団の発言を封じている、法廷は弁護側から提出された証拠文書六八〇件を却下した、日本は戦争を欲しなかったがルーズベルト大統領とハル国務長官が日本を戦争に追い込んだ、日本は自衛権を行使したのだ、などと主張している。

ジョン・G・ブラナン弁護人

ジョン・G・ブラナン弁護人は一九一五年生まれであったので東京裁判が始まった時には三〇歳を少し過ぎたばかりで、最も若かったジョージ・ウイリアムス弁護人に次ぐ若さであった。カンサス大学の理学部、法学部、文学部で学んだ。日本に着いてから日本語を習得し、永野被告や嶋田被告たちと心理的には親子のような人間関係にあった、と前述の『戦争裁判余録』に記されている。仕事に熱心でパーティーなどに出席していても途中で抜け出して事務所に帰り、仕事を続けていたそうである。

ブラナン弁護人は一九四七年八月二二日の太平洋段階弁護側の冒頭陳述で、検察側の証拠が無学の現地住民の言葉を勝手に書き直していることを追及してアメリカ側の調書がずさんであることを示した。海軍関係の弁護に関してはブラナンは中心的な役割を果たしたとのことである。

東京裁判が終わるとブラナンはアメリカに帰ったが、彼の仕事ぶりに感謝するために日本側の関係者が東京の赤坂離宮「エジプトの間」でお別れの会を催した。その時のブラナンの挨拶が記録に残っている。それによると、彼が東京裁判の弁護人に応募した時、親兄弟や親友たちにそれは政治的な自殺であるからやめろと言われた、日本の実情を研究するにつれてアメリカの考えがあまりにも一方的で、正義のため人類愛のために努力する決心をした、自分の父が被告であってもこれ以上の弁護はできないと断言できるまで仕事をした、元敵国である日本にアメリカ人弁護人を送ったアメリカ大統領以下の措置に感謝しアメリカ人としてこの点に誇りを感じる、アメリカというものを認識してほしい、といったことを述べている。

これを読むと彼がどんな人物であったのか推測できる。日本人好みの口ぶりで彼が被告たちに好かれていたのももっとも、と納得できる。帰国後はカンサス州の検事総長にまでなり、引退後は弁護士をしていたとのことである。

その他のアメリカ人弁護人

以上の四人のほかに三人のアメリカ人弁護人について簡単に述べておく。フランクリン・ワーレン弁護人は反対尋問に巧みで、検察側証人から逆に被告に有利な証言を引き出すことに成功し、そのためこの証人はあらためて被告側証人になってしまった例が知られている。彼はかけひきも巧みであった。J・W・グリーン判事がワーレン弁護人に対し、連合国総司令部に就職することが急に決まったので田村浩被告の裁判を早く終わらせたい、弁護側の協力がほしい、と言ってきた。ワーレン弁護人は判決を禁固七年にするなら協力してもよいと回答し、グリーン判事も「表立ってはできないが」と言ってこれを受け入れ、結局二人はこれで意見がまとまった。そのため関係者はこれを「妥協裁判」と呼んだとのことである。

前述の『東京裁判』のＤＶＤからあと二人のアメリカ人弁護人に言及すると日本とドイツは共謀していなかったと主張した一九四七年六月十二日のカニンガム弁護人の弁論、そしてケロッグ・ブリアン条約を引用し日本の戦争は自衛戦争であったと主張した一九四八年二月十一日のローガン弁護人の弁論などが印象に残る。

第四章　国際軍事裁判の問題点を指摘した欧米の意見

第三章では日本のために献身的に働いたアメリカ人弁護人について述べた。英米法に関しては苦手な日本人の弁護人に代わって、得意な英米法の知識を駆使して弁護した彼らアメリカ人たちの貢献は計り知れない。なぜならアメリカ人が元敵国の被告を英米法の考えに従って弁護したことはその主張することが必ずしも日本人の主張だけを述べたものではなく、ある種の客観性があったものと推測もできる。この考え方に対し、いや弁護人は単に被告の立場だけを考えて被告の主張を代弁したにすぎない、弁護とはそんなものだ、と反論することも可能である。

したがってこの章では検察側でも弁護側でもなく、しかも日本人ではなく連合国側の法律専門家がニュールンベルグと東京での国際軍事裁判なるものについて裁判が開始される直前にどのように考えていたかについて述べる。その後東京裁判が始まってから、そして裁判終結後に表明された東京裁判に直接関わっていた裁判長、一部の判事、そして連合国最高司令官の意見を引用する。その後裁判には直接関係していなかった人たちの、より一般的な欧米の批判的な意見を引用して、欧米では東京裁判とその結果をどのように理解し解釈したかについて考えてみたい。

『ジャクソン報告書』に記録されている意見

すでに第二章で述べられたように、『ジャクソン報告書』と呼ばれるニュールンベルグと東京の軍事裁判の研究に欠かせない重要な文書がある。これは一九四五年の六月二六日から八月八日までロンドンで開かれた連合国の四ヵ国、つまりアメリカ、イギリス、フランス、ソ連の代表が参加した会議の記録文書である。連合国といっても法律的には英米法のアメリカとイギリス、そして大陸法のフランスとソ連の間には大きな意見の相違があり、各国の利害関係も対立し、「侵略」という用語の定義についてさえ意見の対立が見られた。しかし会議が始まった時点ではすでにドイツは降伏し、会議の開催中に「ポツダム宣言」が出され、戦争が最終段階に入っていたのは誰にも明らかであった。

したがって連合国側各国の大きな意見の相違にもかかわらず、何らかの形で戦後処理のための意見をまとめる必要が切迫していた。このような背景にもとづいた文書であるので連合国側の意見の相違、解釈の相違が明白であると共に何らかの共通の解決策をさぐる努力が見られる。議事録を眺めてみると活発な討論がされたのが明らかで、純然たる学術的観点から読んでみると興味深い。これは研究者の必読書である。表明された意見のうち、東京裁判でも激しく議論された事項を取り上げてみるとつぎのような発言がある。

七月十九日。グロ教授（フランス代表）。今まで提案されてきた各種の定義にわれわれが反対する理由は、国際裁判所規定は、今後長年月にわたり批判の対象となるところの境標となるべきものであり、また、われわれはそれがいかなる非難をも受けないようにするよう努力したいと思ったからである。

われわれは、侵略戦争を開始することは、犯罪となるべき違反行為ではないと考える。もし、われわれがここで戦争を個人の犯罪行為であると宣言するならば、われわれは現行の法律を超えようとしていることになる。われわれは、今後の幾年間かに侵略戦争を開始する国家は、それがいかなる国家であれ、道徳的に、また、政治的に犯罪的責任を負わされるであろうと考える。しかし、今日現に存在するままの国際法を基礎とすれば、こういう結論を出すことは正しくないと信ずる。ある国が侵略戦争を開始し、その戦争を国際法の原則に従って遂行しない場合には、関係者を犯罪人として処罰することは望ましいことであろう。しかし、ただ単に侵略戦争を開始するというだけでは、犯罪とはならないであろう。われわれは、侵略戦争を開始する行為のように、実際に犯罪でなかったものを犯罪として処罰したために、後世これが非難の対象となることを好まないのである。……侵略戦争の開始が国際的犯罪であると断定しうる者は誰もいない……（四〇六―四〇七ページ）。

七月十九日。ディヴィッド・マックスウエル・ファイフ卿（イギリス代表）。侵略戦争は、犯罪であるという立場を認めることが正しいか又は望ましいかということである。犯罪であるということには意見が一致しているように見える。ここでの根本的な困難は、制裁がないということである（四〇九ページ）。

七月十九日。グロ教授。侵略戦争を開始することは、それを行った国についていえば犯罪であるかもしれないが、そのために戦争を始めた個々の人々が犯罪行為を行ったことにはならない。……その国の構成員が犯罪人であるということにはならないのである（四〇九ページ）。

七月十九日。ニキチェンコ将軍（ソ連代表）。われわれの当面の仕事は、将来国際犯罪を犯すことのあるべき犯罪人ではなく、現在既にそのような犯罪を犯している人々を裁判する基礎を作ることである（四一一ページ）。

七月十九日。ニキチェンコ将軍。ジャクソン判事が提議した「侵略者」の定義について、この問題は、これまで、多くの会議や会合でしばしば議論されたところであるが、これを議論するのは、この委員会の権限内の事項ではないと思う。……条例の中に侵略の定義を入れようとしても、われわれは、裁判所がそういった権限がないと同じく、そうする権限を持たないであろう。この種の問題を扱うのは、実際、国際連合又は既に組織されている安全保障機構の権限に属することである。……今われわれがここで議論している裁判所の任務は、特殊の犯罪行為を行った戦争犯罪人をさばくことである（四一八—四一九ページ）。

七月十九日。ジャクソン判事（アメリカ）。私は、実際、もし、この裁判がこの戦争の政治的及び経済的な原因についての論争の場にまで発展するようなことになれば、欧州……及び米国……において測りしれない害悪を与えることとなりうると考える。……われわれが押収して手許に持っているドイツ側の文書は、いずれも、ドイツは、強制的に戦争にかりたてられるであろうという見通しを掲げているからである。……私の調査したドイツ外務省から押収した文書には、すべて「われわれには出口がない」、「われわれは戦わねばならぬ」、「われわれは包囲されている」、「われわれは滅亡するまで締めあげられつつある」という主張を述べている（四二三―四二四ページ）。

七月二三日。グロ教授。……犯罪行為の計画になんらかの形で関与したことが認定された場合には、彼らは、重大戦争犯罪人として処理されるものとすると規定するのと、それらの行為は、犯罪となるべき国際法違反であると宣言するのとでは、その間に相違がある。このあとの規定の仕方では人々はショックを受ける。その規定はまさに四人の個人にすぎない四人の人々が作り出したものである。――それらの四人の人々によって犯罪となるべき国際法違反であるとして定義されたものである。これらの行為は、これまで何年間も知られていたのであるが、犯罪となるべき国際法違反であると宣言されてはいなかったのである。それは事後立法である（四六九ページ）。

七月二三日。ジャックソン判事。もし、ブリアン＝ケロッグ条約以前の時代にさかのぼるならば、ある期間国際法の下ではすべての戦争を開始する行為は合法的であったということには疑いがない（四七三ページ）。

七月二四日。グロ教授。米国はその条項の下で一切の違反行為を対象とした。それは重大戦争犯罪人のみならず、ありとあらゆる戦争犯罪人に対する裁判権を付与する条項である。……その草案の最後の項において、全面的な報復の問題を扱うことを欲した。しかし、この国際法上の報復の問題は過去五百年にわたり論じられた問題であって、今ここにわずかな文章をもって解消することのできない問題である。それゆえに、われわれは、米国案についてゆくことができないのである（五三六ページ）。

会議での発言の解釈

以上は議事録のごく一部の引用で、筆者が本書の観点から大変重要であると判断した発言である。通常の引用であれば省略してしまう表現にもある特定の意見が隠された細かいニュアンスが見られるために省略せず、意図的にそのまま再現した。また文章にもまったく手を加えず、そっくりそのまま引用した。この報告書は読めば読むほど得るところがある文献で、国際法の専門家はもちろん、一般読者にとっても英米法と大陸法の根本的な相違を理解し、それが国際軍事裁判にも深く関わっていたことを明確に理解することができる。

これらの限られた引用から東京裁判での日本側弁護人の主張と同じ考えが見受けられるのが明白である。グロ教授は侵略戦争を開始するのは犯罪となる違反行為ではないと述べているが（一九日）、これはブレークニー弁護人の東京裁判の法廷での発言（一九四六年五月十四日）と一致する。しかもニキチェンコ将軍は（十九日）会議の開かれているロンドンでの文書の中で「侵略の定義」に関する条例を入れようとしても会議の参加者にそのような権限はないとしている。

ジャックソン判事はケロッグ・ブリアン条約以前の時点では戦争を開始する行為は国際法の判断では疑いなく合法であるとしている（二三日）。彼はここではその時点で拘束力のあった国際法はジュネーブ条約とハーグ条約であったことを念頭に入れているのが明らかである。ジャックソン判事の考え方から推測すると、ドイツも日本もケロッグ・ブリアン条約に違反していると裁判で主張できるとしているようである。

しかしここで問題なのはケロッグ・ブリアン条約は自衛権を認めている点で、しかも自衛は自衛戦争を始めた国が定義できることになっている。ジャックソン判事自身ドイツはヨーロッパでイギリス、フランス、ソ連の脅威にさらされているという文書による証拠があるとしている（十九日）。したがってケロッグ・ブリアン条約を持ち出してドイツが侵略戦争を始めたと非難しても、この条約そのものが事実上意味のない条約であると言わざるをえない。これは日本の立場としても全く同じで日本が自衛権行使のために戦争を始めたというのは日本側の主張の一つであった。日本はケロッグ・ブリアン条約に違反しているどころか、それが公認している自衛権を行使したのだと主張したわけである。

大陸法と英米法にもとづく意見の相違も明白である。グロ教授の侵略戦争は犯罪行為ではないという発言に対し（大陸法、十九日）、ファイフ卿は侵略戦争は犯罪であると考えている（英米法、十九日）。しかしニキチェンコ将軍は「侵略の定義」をこの会議で定める権限はないとしている（大陸法、十九日）。グロ教授は、アメリカの案ではすべての違反行為を対象とし、あらゆる戦争犯罪人に対する裁判権を付与し、全面的報復をしようとしているが、われわれはこの案には賛成できない（大陸法、二四日）としている。彼は更に国と個人の違いを明白にし、国が侵略戦争を行ったとしてもそれが個人の犯罪行為であるわけではないと十九日に二回発言し、国際法違反として戦争犯罪人を処罰するのは事後立法であると主張している。

これらの引用から明らかなように、日本側弁護団の主張は大陸法の考えに大変近い。しかし英米法で行われた東京裁判では日本側の大陸法的な考えはすべて無視された。清瀬一郎弁護人によれば、日本側の提出した証拠書類の約八〇パーセントは裁判長によって却下されてしまったとのことである。そしてこの方針で裁判が進行し、判決がくだされたのであった。

東京裁判関係者の反応

『ジャクソン報告書』の内容から明らかなように、国際軍事裁判がニュールンベルグと東京で始められる時点では、裁判をするための確立された国際法的な原則は存在しなかった。にもかかわらず、ヨーロッパを徹底的に破壊し多数の人々を殺戮した憎いナチス・ドイツに復讐しなければならない、そしてそのナチス・ドイツと共謀して世界制覇を試みたと見なされた日本にも同じように復讐しなければならない、という思想で国際軍事裁判が実行されたのであった。

この二つの裁判はいわば法的に明確な基礎のない、急いで始めたやっつけ仕事なのであった。犯罪があったのであれば罰せられるのは当然である。これは誰が考えても明白である。しかし国際軍事裁判がこのような頼りない条件で行われ、判決が下され、処刑がされると、当然ながらその問題点も指摘された。

そして驚くべきことに、東京裁判に直接関与した関係者からも批判的な意見が表明されたのである。関係者と言っても弁護人は被告を弁護する立場にあるので弁護人からの意見は除外し、裁判長、判事、そして東京裁判の判決を変更する権限を持っていた連合国最高司令官の意見を簡単に引用してみたい。

ウエッブ裁判長

まずウエッブ裁判長である。オーストラリア出身のウイリアム・ウエッブは東京裁判の裁判長になる前は、クイーンズランド州の首席検事であった。その時点で彼は準備されている東京裁判についてすでに私見を持っていた。一九九五年二月八日付の『朝日新聞』によれば、彼は一九四五年六月二六日にオーストラリア外務省宛に手紙を書いている。そして東京裁判に関し、国際法にもとづく厳密なやり方をあきらめて、特別法廷で蛮行ともいえる見せ物的な公開裁判を行うべきではない、と述べている。この発言は法の専門家の正直な意見と見なされるべきであろう。にもかかわらず、本意に反して東京裁判の裁判長になったのは運命のいたずらだったのであろうか。裁判長としては本意にしたがった行動や発言は一切せず、アメリカ出身の首席検事キーナンとほぼ同様な態度をとり続けて裁判を進行させ、すでに述べたように日本側の提出した証拠書類の約八〇パーセントを却下したのであった。

ウエッブは裁判終了後意見書を書いている。それによると極東国際軍事裁判所には純粋な共同謀議を犯罪とする権限はないとし、純粋な共同謀議という犯罪があるとこの裁判所が宣言することは、裁判官が立法を行うにひとしいとし、実体的な犯罪が犯された場合にのみ責任を負うのだとしている。さらに日本の被告はドイツの被告のように凶悪で多様で広汎ではなく、どの日本人被告も侵略戦争を遂行する共同謀議をしたこと、戦争を計画し準備したこと、開始したこと、遂行したことについて死刑を宣告されるべきではなかった、としている。人道に対する罪の場合でも死刑より他の処罰が望ましく、老人を死刑にしてはいけなかった、と書いている。

キーナン首席検事

東京裁判では最も積極的に被告たちを告発したのは言うまでもなくアメリカ出身のキーナン首席検事である。常識で考えれば、検事なるものは手に入る資料すべてに注意深く目を通し、それぞれの資料が信頼できるものであるかどうかを厳密に審査し、信頼できるものであればそれによって被告を厳しく追及し有罪判決に追い込み、法の公正さを維持するのが職業的責任であり任務であろう。それは国や法の制度の違いに関係なく、一般市民が検事に要求する自明の権利である。しかし現実にはそうでない場合があったのも後になって明らかになった。

すでに第三章でのべたがキーナンは後になって自らの過ちを認めている。それは重光被告を有罪とした件である。一九五二年三月十五日の『朝日新聞』に記載された、ファーネス弁護人からの手紙に対する返事の中で、キーナンは次のように述べている。重光被告が裁判にかけられ、しかも有罪判決を受けたことが遺憾であった、これは首席検事としての自分の責任であった、自分は重光氏を被告とすることに不本意であった、裁判がすすむにつれて、重光氏を裁判にかけたことが正義と公平にしたがったものであったかどうかますます疑問になった、としている。

そして驚くべきことに次のような発言もしている。裁判条例によれば訴訟中止の手段をとることは必ずしもその権限を認めていないし、裁判所も認めないだろう、彼のケースが無罪になることを期待する十分な理由をもっていたので有罪判決となった時非常に困惑した、彼を起訴したのは間違いであったことを確信した、と述べている。

自らの検事としての仕事上で重大な過ちを犯したことに気がついたにもかかわらず、それを訂正する努力さえせず、無罪の判決になることを希望し、それが有罪になってしまったので残念であった、などと後になって文書の形で発言しているのである。なんとも頼りない首席検事である。実際にはこのような例が他にも多くあったのではないかと邪推もしたくなる。そしてこの話は東京裁判そのものの信憑性を疑わせるとも主張できる。

ベルナール判事

フランス出身のベルナール判事は判決最終日の一九四八年十一月十二日付で裁判についての覚

書と反対判決書を提出した。内容は専門的であるのでその要点をまとめるとつぎのようになる。多数派による法と管轄権を証明するやりかたは疑問で、特に裁判所条例の合法性を審査することをしなかった態度は疑問である。裁判所条例の起草者がその権限を越えたかたちで起草したものであれば、それには拒否されてもよい可能性がある。侵略戦争が犯罪なのであれば、ケロッグ・ブリアン条約にもとづくものではなく、自然法にもとづくものでしかない。閣僚とか指揮官といった地位にあったというだけの理由で広汎な責任を追及するのは不当である。俘虜虐待の場合でも、それを防ぐことができるのにそうしなかった場合だけに責任を問われるべきである。追訴も不平等であった。各国の国内での裁判の通例に反し、裁判官全員による口頭評議が行われなかったのはおかしい。

ローリング判事

オランダ出身のローリング判事も批判的な内容の意見書を提出している。ベルナール判事の場合と同様にローリング判事の意見書は専門的である。しかもそれは膨大なものであるのでその要点を記述すると次のようになる。法廷は裁判所条例の合法性を審査する権限を保有する。法廷は条例に拘束されるという考えは正しくない。そのような考えは将来に対し危険である。極東国際軍事裁判の法廷の管轄権はポツダム宣言のために犯罪に対する管轄が制限されており、人に対する管轄も制限されている。したがってこの法廷の管轄権は太平洋戦争だけに限られている。張鼓峰事件やノモンハン事件などといった太平洋戦争以前に発生した過去の事件で、しかも講和条約によってすでに終結したものを再び取り上げるのは正しくない。

ローリング判事は次のようにも述べている。平和に対する罪のために死刑を課するのは正しくない。結果から判断して日本の対外政策は致命的であったかもしれない。しかしそれが政策として必ずしも犯罪的であったとは言えない。なぜなら犯罪的ではない判断の誤りを考察する余地があるからである。ノモンハン事件を侵略的であったとするのは難しい。

パール判事の考えに共感するハンキー卿

東京裁判に関して批判的な意見を表明した判事の中で、インド出身のパール判事は最も広く知られている。しかし本書では欧米の意見、特に連合国からの意見を取り上げているのでここでは残念ながらパール判事の意見は割愛する。しかし連合国の中にもパール判事の主張に共感する政治家も存在していた。その中でも特に重要なのは戦時中のイギリスにおけるチャーチル内閣で国務大臣をつとめたハンキー卿の意見である。したがってここでハンキー卿の意見を簡単に引用したい。

ハンキー卿とは正式にはモーリス・パスカル・アラース・ハンキーという名前で男爵であった。彼は一九五〇年に戦争犯罪の裁判についての本を出版しており、これは日本語に訳され、『戦犯裁判の錯誤』として二年後に日本で出版された。ここで重要なのは彼が第二次世界大戦中に英米法の国の内閣閣僚であったという事実である。

ハンキー卿はこの本の中で次のように述べている。「戦勝諸国が、敵国にたいして非難すると同じ罪を犯し、いろいろ便法を設けて、その不正行為を法廷の管轄において秘匿し、前もって犯罪表を作ってこれを強調し、事後において犯罪を創設したとしたならば、実際問題としては、かかる制度は使用できなくなる。……国際連合は双方に公平でなくてはなるまい」（二二四ページ）。

ハンキー卿はさらに次のように述べている。「パール判事の意見書は、全文を通じて、独立不羈、明快、その博識において異彩を放っている」（二二八ページ）。そしてこの意見書から次のような引用をしている。「検察側の見解はどうあろうとも、私の意見では、申し立てられた行為の犯罪性は、その申し立てられた行為がおかされた日付の当時に存在した国際法の規則に照らして決定すべきものである。（無条件）降伏の要求箇条に関する限り、それらの条件中には……戦勝国家ないしは最高司令官に……日本国または日本国民のために、犯罪に関して立法することを許可するというようなものはなにも在しない。……戦勝国が、自らの意思で犯罪を定義し、その犯罪を罰することができると主張するのは、戦勝国が炎と剣とをもって被占領国を蹂躙し、そこにある一切の私的公的財産を取得し、住民を殺傷し、捕虜として拉致することが許された昔の日に逆戻りするに等しい」（二二八―二二九ページ）。

ハンキー卿はさらにパール判事の意見書から彼のケロッグ・ブリアン条約についての見解を次のように引用している。「自衛権は、関係国の主権のもとにある領土の防衛にとどまらず、この条約のもとにおいて、いかなる行動が自衛の範疇に入るか、いつ自衛権が発動するかは、各国が自ら決定する優先的権利をもち、ただ、その声明がその他の世界各国によって容認されない危険が残るだけである」（二三〇ページ）。念のために付記しておくと、これは条約立案者の一人であるケロッグ自身の表現をパール判事がそのまま引用しているのである。ハンキー卿はパール判事の意見書は「最後的な確認は紛争の当事者以外の機関の裁定にまつべきであること」（二三一ページ）を主張しているとしている。ハンキー卿がパール判事の意見書から引用した最も強力な表現は次のようなものである。「諸国の行動を考え合わせて見るとき、おそらくは、敗戦のみが犯罪であるという法が見出されよう」（二三一ページ）。そしてハンキー卿は「パル判事が絶対に正しいことを、私は信じて疑わない」（二三三ページ）と断言している。

マッカーサー連合国最高司令官

以上述べたウエッブ裁判長、キーナン首席検事、ベルナール判事、ローリング判事は連合国を代表して東京裁判での判決に関わっていた重要な人物であった。しかし実際の権力構造にはさらにその上の人物も存在していた。それは連合国最高司令官として君臨していたアメリカのダグラス・マッカーサーである。マッカーサーは一九四六年一月十九日に極東国際軍事裁判所を設定する文書を公にし、同時に極東国際軍事裁判所条例を公布することを命じた。この条例はマッカーサーの権限を明確に示している。条例の第三条（イ）は「連合国最高司令官は裁判官の一名を裁判長に任命す」と明記している。そして第十七条は「刑は連合国最高司令官の命令に従ひ執行せらるべし。連合国最高司令官は何時にても刑に付之を軽減し又は其の他の変更を加ふることを得。但し刑を加重することを得ず」となっている。

条例の第三条によってマッカーサーが裁判長の任命権を委任されていたことは、ウエッブ裁判長が公正な裁判に反すると見なされた行動なり発言をした場合には罷免し、他の裁判長を任命する権限を与えられていたことになる。しかしウイリアム・ウエッブは裁判の最初から終わりまで裁判長であった。ということはマッカーサーは何度かにわたる日本側弁護人からの苦情にもかかわらずウエッブは適任であったと判断したわけである。

第十七条はマッカーサーには判決後に刑を軽減したり無罪にしたりする権限を与えられていたことを意味する。しかし彼は全被告への判決をそっくりそのまま受け入れ、死刑も判決どおり執行させた。ここでキーナン検事の話に戻ると、もしキーナンがマッカーサーに対し、重光被告を無罪にするように積極的に働きかければ無罪の判決にすることができた可能性が非常に高い。この観点からもキーナンの怠慢ぶり無能ぶりは強く非難されなければならない。

もしマッカーサーが東京裁判の法廷を信頼しその関係者の能力を信頼していたのであれば、法廷に一切干渉せず、判決もそのまま受け入れて死刑執行を命令したのも当然な成り行きと言える。しかし歴史の事実は全く異なっていた。それはマッカーサーは「東京裁判は誤りであった」という見解を持っていたからである。一九五〇年十月十五日にマッカーサーはトルーマン大統領とウエーキ島で秘密の会談をしたが、その内容が一九五一年五月三日から五日にわたりアメリカ上院の軍事・外交合同委員会での公聴会で公開された。

これは一九五一年五月五日付の『夕刊読売』に要約されている。その見出しは「東京裁判は誤り。マ元帥強調」となっており記事そのものは次のように書かれてある。

米上院軍事、外交合同委員会は二日、トルーマン大統領及びワシントン当局者とマッカーサー元帥との間に行われた歴史的なウエーキ島会談の秘密文書を公表したが、その中で注目をひく点は、マ元帥が次の諸点を信じているということである。一、極東軍事裁判は誤りであった。一、太平洋反共同盟は大変な仕事で実行は不可能である。マ元帥はハリマン大統領特別顧問の質問に答え東京裁判とニュールンベルグ裁判には「警告的な」効果はないだろうとのべ『わたくしは独自の権限で残ぎゃく行為を犯した者の処理はできるし、もし彼らを捕えればわたくしは軍法会議の手によって直ちにこれを裁判に付するつもりだ』と答えた。

ここで「残ぎゃく行為を犯した者の処理」を「独自の権限で」「軍法会議」の「裁判に付する」という発言は、ジュネーブ条約とハーグ条約で決められていた第二次世界大戦以前に定義されていた戦争犯罪に対する処罰を意味していたのはほぼ明確である。ここには事後法の問題は存在せず、それを実行した場合国際的にも非難される理由も存在しない。処理を「独自の権限で」行うという表現は極東国際軍事裁判所の設定の必要はなく、その条例の必要もなかった、という意味であったと解釈できる。東京裁判は極東国際軍事裁判所条例にもとづいて行われたものであるのでこれが「東京裁判は誤り」という発言の根拠であったのはほぼ間違いない。

事後法である「平和に対する罪」と「人道に対する罪」は極東国際軍事裁判条例の第五条に初

めて記されたものであるので、この条例が不要であったという議論にしたがえば「平和に対する罪」と「人道に対する罪」にもとづいた戦争犯罪は存在せず、それにしたがって起訴された被告の存在もその処刑もなかったはずだ、という結論になる。処罰されるべきだったのは以前から存在していたジュネーブ条約とハーグ条約に違反した戦争犯罪人だけであったということになる。

事後法ではないもう一つの条約としてケロッグ・ブリアン条約がある。これは「自衛権」について述べており、日本側弁護人たちは法廷でこの条項を引用したが検察側も裁判長もそれを拒否した。しかしここで興味のある点はマッカーサーも日本の主張を支持するような考えを一九五一年五月三日にこの上院軍事・外交合同委員会で述べていることである。これはヒッケンルーパー上院議員の五番目の質問に対し答えた発言でその内容は次のようなものである。

日本は八千万に近い膨大な人口を抱え、それが四つの島の中にひしめいているのだということを理解しなければならない。その半分近くが農業人口で、あとの半分が工業生産に従事していた。……これほど巨大な労働能力を持っているということは、彼らには何か働くための材料が必要だということを意味する。……しかし彼らは手を加えるべき原料を得ることができなかった。日本は絹産業以外には固有の産物はほとんどない。彼らは綿がない、羊毛がない、石油の産出がない、錫がない、ゴムがない。その他実に多くの原料が欠如している。そしてそれら一切のものがアジアの海域には存在していた。もしこれらの原料の供給を断ち切られたら、一〇〇〇万から一二〇〇万の失業者が発生するであろうことを彼らは恐れていた。したがって彼らが戦争に飛び込んでいった動機は、大部分が安全保障の必要にせまられてのことであった。

この発言は日本側弁護人の主張とほぼ同じである点に注目すべきである。

その他の意見

以上が東京裁判に直接関与した関係者の批判的な意見の一部である。直接関与せずに第三者の立場からこの裁判に対してなされた批判的な発言も世界で数多い。その中からローマ法王ピウス十二世、そして『フォーチュン』誌と『シカゴ・トリビューン』紙という二つの大変影響力のあるアメリカのマス・メディアからの批判的発言を引用したい。

ローマ法王の意見

一九五三年にローマで国際刑法学会が開催され、十月三日に時のローマ法王ピウス十二世が学会参加者あての演説をした。いわゆる基調演説、またはそれに近いものと考えられる。内容は二つの世界大戦とその後におこった出来事にもとづく感想と提案である。かなり抽象的ではあるがこの法王の戦争犯罪についての考えが理解できる。特定の国々を名指しで非難することは避けているが、読んでみると何について語っているのか容易に判断できる。要約すると次のようなものである。

色々な国や民族はそれぞれ独自の刑法を持っている。これらのいろいろな刑法には大きな違いがあったり、それほど違わない場合もある。いずれにしても最も重大な犯罪は普遍的に罰せられることが望ましい。国際的に考えると、犯罪を罰することは客観的な基準にもとづかなければならない。被告が弁護される権利は無視されてはならない。

処罰するには国際的な刑法が必要である。刑罰は国によって重かったり軽かったりしてはならない。いろいろな観点の意見を交換することによって時間をかけて基本的な合意に至るように努力すべきである。

罰則の最初の段階である逮捕は法の基準に従ったものでなければならない。逮捕はいい加減におこなわれてはならない。無実の者が強制収容所に送られて法的な処置の段階を経ずに留置するようなことは法の冒涜である。被告が実際に犯罪を犯したのであっても身体的・心理的拷問はされてはならない。

被告は実際に弁護することが保障され、被告と弁護人は立場を有利にする証拠すべてを提出することを認められなければならない。弁護側が弁論を認められないのは容認できない。法廷はかたよったものでなく公平であることは保障された権利である。判事はある特定の利害関係や国を代表するものではならない。全体主義の国々には「人民の法廷」というものがあるが、これは実際にはある特定政党の人物からなるものである。

刑法上の裁判が国際的な関係を含む場合にはかたよりのない公平さが特に保障されなければならない。

法が保障しなければならない点で最も重要で困難であるのは罪の判定である。被告は自分の行いが法律違反であったことを明白に理解していたのであろうか。その行為をしたのは自由意志によっておこなったのであろうか。多くの戦争犯罪の裁判ではこの問題が注目されている。他人に罪を犯すことを命令した例が研究されている。しばしば問われるのは上の者に命令されて過ちはしていない者に罪があるのか、さらには威嚇されたり最悪の罰や処刑を示唆されて強制された結果の行為はどう判定するのかという例である。このような裁判では、しばしば被告側は「上司」に命令されて行動しただけという事実を持ち出して反論する。この場合上司たちは罪を犯すことが法的に不可能であったのにそのような命令をして罰されるのであろうか。それとも被告は罪を犯すことを教えられ罰せられるのであろうか。

ここには矛盾がある。戦争犯罪の被害者側が戦勝国になった場合、命令に従わなければ自らを（戦後）危険にさらす可能性は少なくなり、命令に従えば「戦争犯罪人」として裁判にかけられる恐れがある。この法的矛盾を国際的な協定によって排除することは可能であろうか。

法的な矛盾を国際的な協定によって排除する時点になっている。刑法の基本的な原則四つを次のように提案する。

1　法は必然的に本体論／実在論的な秩序、安定性、不変性にもとづく。自然によって設定された基準が「倫理的基準」または「自然の前提」である。我々はそれが存在することを認識しなければならない。これは人間によって形成されたものではなく、人間性の中に存在するものである。

2　本体論／実在論的な秩序を実現するのは物質的な方法とは異なる。

3　罪の公正さを考える場合、あやまちの要素もある。上部の権威者に責任があり罪がある場合には罰せられてはならない。罪を犯したと見なされた場合には因果関係が明確でなければならない。

4　罰則とその適用は法の必要条件である。

以上が要約であるが法王ピウス十二世は民族・文化の多様性にもかかわらず、「倫理的基準」または「自然の前提」なるものがあることを強調し、これが国際法の基礎であるべきだと述べている。これは自然法の考え方であり、カトリック教会には自然法を尊重する伝統があるため法王もあらためてこの点を強調している。

国際軍事裁判に関しては、つぎのような問題点を指摘している。（一）法廷はある特定の利害関係や国を代表するものであってはならない。（二）弁護側の客観的な証拠の提出は認められなければならない。（三）有罪か無罪かの決定は客観的に決定されなければならない。（四）国際的な刑法が必要でありこれによって罰則が均一化される。（五）上司が戦争犯罪を犯すことを命令した場合、その結果はどう判断すべきか。

いずれの問題点もすべて東京裁判とアジア各地でのＢＣ級裁判で繰り返し繰り返し観察された事実である。裁判長にとっても検察側にとっても耳の痛い指摘である。そして弁護側の観点からすると法王は裁判の実態をよく理解していたと感じたであろう。法王としても政治的配慮からあまり強い表現は用いず、表現そのものもぼかしてある箇所もある。しかし法の専門家が注意深く客観的に読めば、国際軍事裁判は法王が希望する自然法的な裁判とは程遠いものであったことは明白である。

ヴァチカンでの鎮魂と慰霊

宗教的な観点から歴代のローマ法王は「戦争犯罪人」として処刑された人々を慰霊するということに好意的であった。一九七五年に真言宗醍醐寺派別格本山品川寺の仲田順和師がヴァチカンを訪れた折、時のローマ法王パウロ六世に戦犯として処刑された人々の鎮魂と慰霊をお願いした。パウロ六世は快く承諾したが三年後の一九七八年に急逝し実現できなかった。同年に就任した次の法王ヨハネ・パウロ一世も就任後まもなく逝去してしまった。次の法王ヨハネ・パウロ二世はやはり一九七八年に就任したが鎮魂と慰霊の件はヴァチカンでは忘れられてしまったように見えた。

ところが一九八〇年四月にヨハネ・パウロ二世から仲田順和師あての親書が届き、その内容は五年前の約束を果たしたいというものであった。日本では一九七五年のパウロ六世の快諾を信じ、すでに全一〇六八柱の位牌を納める醍醐寺の五重塔を模した小型の塔が完成していて、これは同年五月にヴァチカンに奉納された。

そして五月二一日に仲田順和師と塔を無料奉仕で作成した星野皓穂さんが出席のもと、法王ヨハネ・パウロ二世によって一〇六八柱のためのミサが執り行われたとのことである。この出来事をどう解釈するかは自由であるが、可能な解釈の一つはヴァチカンとしては戦争犯罪人として処刑された人々について東京裁判の裁判長、検察側、連合国総司令官、さらにはアメリカの一般的な世論とは違った見解をもっていたという解釈であろう。

ヴァチカンと靖国神社

この解釈に関し、ヴァチカンと靖国神社の間に存在する歴史的に興味のある事実二つに言及する必要がある。その第一は一九三二年五月五日におこった、上智大学予科の学生が靖国神社参拝を拒否した事件である。当時の日本では軍が各大学で学生の軍事教練をしていたが、上智大学で軍事教練を担当していた陸軍将校が六〇名の学生を引率して靖国神社を参拝した。ところがそのうち二人の学生がカトリック信者であるという理由で参拝を拒否した。

これは社会問題として日本で大きく取り上げられたが、これを知ったヴァチカンでは一九三六年に『祖国に対する信者のつとめ』という名称の訓令を公にして駐日教皇庁使節パウロ・マレラ大司教あてに送付した。この訓令によれば、愛国心の表明として靖国神社の参拝を容認する、というものであった。つまりカトリック信者であっても日本人であれば靖国神社に参拝してよい、というヴァチカンから出された公式の解釈である。そしてこの訓令は一九五一年に再確認されている。

その第二は終戦直後に議論された靖国神社の処理である。進駐軍の意見として好ましくない靖国神社を焼き払い、その場所にドッグ・レース場を建設するという案があった。この構想が公になると当然ながら強硬な反対意見が述べられ、判断に困った進駐軍は、ローマ教皇庁代表で上智大学学長のブルーノ・ビッテル神父とアメリカのカトリック宣教会であるメリノール宣教会のパトリック・バーン神父に意見を求めた。

ビッテル神父は大変明確な次のような回答をした。「自然の法にもとづいて考えると、いかなる国家も、その国家のために死んだ人々に対して、敬意を払う権利と義務があるといえる。それは戦勝国か敗戦国かを問わず、平等の真理でなければならない。……靖国神社の焼却、廃止は米軍の占領政策と相容れない犯罪行為である」。バーン神父からの回答も同様であった。これらのカトリック関係者からの明確な回答の結果、靖国神社は焼却されず、その土地はドッグ・レース場にならなかったのである。

連合国側はこのような強硬で明白な回答を得るとは予想しておらず、マッカーサーは後日あるパーティでビッテル神父に向かい「カトリック教会からあんな見解が出されるとは思いもよらなかった」とささやいたとのことである。

『フォーチュン』誌の論説

東京裁判判決の後、大変興味のあるのはこの裁判を強硬にしかもいわば一方的に日本を悪者としておしすすめたアメリカという国で、大きな影響力のあるマス・メディアにも批判的な意見が現れたことである。その中から高い評価を受けている雑誌『フォーチュン』と信頼性の高い日刊紙『シカゴ・トリビューン』を取り上げたい。

『フォーチュン』誌は一九四九年の四月号の論説で次のように述べている。

1 アメリカ大審院は、極東国際軍事裁判所はアメリカの法廷の管轄権にはないと決定していた。この決議に賛成投票をしたダグラス判事は、マッカーサー元帥の自主性は驚くべきものであると述べている。

2 東條被告が処刑されたことによって裁判は日本人に非民主的な殉教者を与えたことになる。

3 検察側から提出された書類の中には宣誓もなく、確定できないものも存在していたにもかかわらず、それらは証拠として受理されている。しかも検察側、弁護側には異なった審理の手続きをし、弁護側には不利であった。したがって判決にも批判される点がある。ニュールンベルグ裁判よりも劣ったものであった。

パール判事は、戦勝者が定めた犯罪の定義にもとづいて行われた裁判は現代と戦敗者をすべて抹殺する時代を扱ったものであり、これは数世紀の文明を抹殺するものである、と述べている。しかしこれは『フォーチュン』誌がすでに三年前に述べていることである。この裁判は連合国側が戦勝国となり枢軸国側が敗戦国となった結果、戦勝国側がなんらの約定された法律にもとづかずに戦敗国側を裁いたものである。

4 この裁判の特徴は「平和に対する罪」によって起訴がされた点である。侵略戦争が正しくないことには異論はない。ケッログ・ブリアン条約には侵略の定義はされておらず、すべての戦争を犯罪とはしていない。個人を罰するという規定も存在していない。これは国連人権一般宣言第十一条の精神に違反している。しかも侵略を法的に制裁するのは事後法であり、戦勝国側によってつくりあげられた罪状項目である。この裁判は法の精神に従わない法を考え出した。

5 この裁判は国際法の観点からすると大変好ましくない結果をつくりだしてしまった。犯罪は勝利者だけが処罰できるものとし、国が自衛することを自主的に決めることを否定している。

『シカゴ・トリビューン』の社説

アメリカで最も有力で影響力のある日刊紙の一つ『シカゴ・トリビューン』は一九五五年六月二八日の社説で、裁判は不確実な法にもとづいていた、東京裁判は事後法によって裁かれた、個人は国家の行為についての責任は負わされないという確立された国際法の原則があるにもかかわらず戦勝国側はこの原則を無視した、と述べている。

これらの記事を読んで特に注目すべき点が二つある。第一に、これらの記事の内容は日米両国籍の日本側の弁護人たちが主張したことほとんどそのままである事実である。国籍、戦勝国であるか戦敗国であるか、一身上の有利さ不利さ、などというごく人間的、ある意味では自己中心的な配慮を無視して、取り上げられた事件を純然に法律的な立場から解釈すればこのような結論に至るというのがもっとも適切な解釈であろうか。

第二に、これらの記事がアメリカで、しかも裁判が終わってからわずか数年以内に、しかもアメリカで大いに影響力のある有力な雑誌や新聞がこのような単刀直入の記事を公にしたことである。これらの記事を書いた担当者、そしてその上司たちが記事を発行したことによって何らかの叱責、左遷、免職などの上部からの圧力を受けたかどうかは全く知る由もない。しかし少なくとも『フォーチュン』誌の場合にはすでに三年前にパール判事の主張と同じことを書いているとのことで言論の自由、出版の自由は保障されていたものと考えてよい。

アメリカというのは大変複雑な国で、理想の国からは程遠い。にもかかわらず、これだけの発言ができたことについては大いに評価されなければならない。アメリカ人で日本側弁護人の一人であったジョン・G・ブラナンが帰国の際のお別れの会で、アメリカの良さも理解してくれと述べたそうであるが、これはこの件に関しては正しく、事実である。これは過去のソ連、現在の中国、ロシア、韓国などと比較してみれば誰にも簡単に理解できることであろう。

この章で最後に一つだけつけ加えることがある。それは裁判が始まる前に『ジャクソン報告書』の参加者が恐れていた、法的に確立した基盤のない軍事裁判の欠陥がそっくりそのまま結果となって現われてしまい、それが批判され攻撃されてしまったことである。このような結果になることがわかっていながら無理に実行してしまった責任は誰にあるのであろうか。

第五章　中国の戦争犯罪

これまでの章では東京裁判で戦争犯罪として取り上げられた日本の多くの行動と、それについての検察側と弁護側の考えを述べた。そして欧米が指摘した東京裁判そのものの問題点も考察した。この章と次の章では客観的に見て中国と韓国が犯したと判断できる戦争犯罪について考えてみたい。ここで筆者が取り上げるのは同じ戦争犯罪が同じように罰せられるかどうかという問題である。もし国際法なるものが存在し、同じ戦争犯罪が同じように罰せられるのであれば我々は国際法の存在意義とその有効性を信頼することができる。

しかし戦争犯罪を犯した者が罰せられたり罰せられなかったりするようでは、国際法は役に立たない意味のないものであるという結論になる。この問題を検討するのが第五章と第六章の目標である。世界では多くの戦争犯罪が犯され続けているのに、なぜ中国と韓国だけを取り上げるのかという理由はこの二つの国が特に日本を重大な戦争犯罪を犯した国であるとして非難し続けているためである。

中国の戦争犯罪を考察する場合、歴史的にどの時点にまでさかのぼるかが問題になる。一九六八年十一月二六日の国連総会で、戦争犯罪および人道に対する罪には時効が適用されないという条約が賛成多数で採択されている。したがってモンゴルが中国を侵略し元の王朝を建立した場合にも、満州族が侵入して清国を建立した場合にも、理論的にはこれら二つの罪が該当する可能性があると主張できる。しかし現在の世界で繰り返し取り上げられている中国の戦争犯罪はほとんどの場合一九一一年十月十日に始まった辛亥革命以後漢族によって犯されたものであるので、本書でもこの時点以後で考察することにする。

中国と韓国の類似点と相違点

戦争犯罪を考える場合、中国と韓国には共通点と相違点がある。共通点は戦争犯罪が全体主義の体制のもとで犯された点である。中国は共産主義にもとづく全体主義の国であり、韓国の全体主義は極度の反共産主義にもとづいた軍国主義が基礎である。共産主義に関しては正反対の立場から出発していたものの、結果としてはこの二つの国は徹底した全体主義を実行することになった。全体主義の結果、どちらの国にも言論の自由、発言の自由、政治思想の自由などなく、国の体制に反対する意見や行動は罰せられた。その結果独立運動またはそれに近い行動をした者は処罰されたり処刑されたりして戦争犯罪が発生したのである。

しかし二一世紀に入って中国と韓国には相違が現れ始めた。これは韓国が極度の全体主義から脱却し始めたためである。韓国で九人目の大統領ノ・ムヒョンは二〇〇五年に南アフリカ共和国の例を見習った「真実と和解の調査会」を発足させた。これによって韓国人は自国の歴史をより正しく知る可能性を得た。これにほぼ平行して『ハンギョレ21』という週刊誌が韓国の醜い過去についての記事を書き始めた。したがって現在の韓国では韓国が犯した戦争犯罪についてある程度知ることができる。

これに反し、中国ではこのような変化は見られない。報道の自由はなくマス・メディアも極度に検閲されているため、過去の歴史はおろか中国国内での毎日の出来事を正確に知ることもむずかしい。中国にとって好ましくない情報を伝えた外国人記者は記者資格を剥奪されたり国外に追放されたりする。事実ウイグル関係の報道で一九六七年に『毎日新聞』、『産経新聞』、『西日本新聞』の記者が追放され、『読売新聞』と東京放送の記者は常駐資格を剥奪された。これを避けるためには外国人記者は発信する報道の内容を自粛しなければならない。中国の公式の情報源に頼るのも一方法であるが、それが正確な情報であるという保障はまったくない。全体主義の国での政府と共産党独占のマス・メディアであるので信用できないと考えておくのが妥当である。

それ以外には外部に逃れることに成功した亡命者による個人的情報や、国外に存在する各種の団体、例えばラジオ・フリー・アジア、アムネスティ・インターナショナルやヒューマン・ライツ・ウオッチその他の人権団体、そしてチベット、東トルキスタン（ウイグル）、内モンゴルの亡命政府や広報機関などから得られる情報に頼るしかない。したがって現在我々の知ることができる中国の過去と現在に関する情報は極度に限られており、信憑性も高いとは言えない場合も多い。この事情をはっきりと意識して本章を読んでいただきたい。筆者としては信憑性があると判断できる情報だけを引用したつもりであるが、もし誤った情報があれば陳謝させていただきたい。

これまでに判明した中国の戦争犯罪

一九一一年十月十日に始まった辛亥革命以後の中国を眺めてみると、明らかに戦争犯罪として認められる次のような事項がある。つまり(一)チベットでの虐待と虐殺、(二)東トルキスタン(ウイグル）での虐待と虐殺、(三) 内モンゴルでの虐待と虐殺、(四) 漢奸の処刑、そして（五）通化市での虐殺である。

この他に小山克《ショウサンコク》事件があったことが知られている。満州国の小山克という場所で一九四五年八月十三日に列車が武装した暴徒に襲われた。列車に乗っていた日本人女性たちは輪姦され、乳児は窓から投げ出されて殺された。これを見た百人以上の女性は崖から谷底に飛び降りて自決し、この襲撃を外部に知らせるための使者は次々に射殺された。しかしこの襲撃の背景に国や軍が関わっていたかどうかは不明であるので戦争犯罪の定義に該当するかは不明である。

東チベットの侵略

チベットと呼ばれる広大な地域には歴史的にチベット人の政府が存在していた。しかし中央政府の支配は完全なものではなく、その支配権はチベット全域にわたるものではなかった。第二次世界大戦後、中国では国民党の軍と共産軍が戦闘を続けていた。最終的には一九四九年に共産軍が勝利し全中国を支配することになり、国民党軍は台湾に逃れ、そこで政権を維持することとなった。

共産軍は歴史的にチベットは中国領であったという口実のもとに全チベットを手に入れる計画に着手し、その手始めにチベット中央政府の支配が完全ではなかったカム地方、アムド、チャムドなどの東チベットを侵略することにした。これは一九五〇年の秋に始まり、この年の十月二四日に勝利をおさめ終了した。この戦略が簡単に成功したため、次に中央チベットも侵略することにし、ただちに翌日の十月二五日にチベットに進駐することを公式に宣言した。

この宣言に対してインド政府は強く反発し、これを侵略行為であるとして非難した。イギリス政府も同様に反発はしたものの、どちらの国も軍事的に支援するなどの形で介入することはしなかった。中央チベットのラサにあるチベット政府はこの中華人民共和国による侵略を国連に提訴したが、国連はその時ちょうど始まったばかりの朝鮮戦争への対応に追われ、そこまで手が回らなかったのが実情であった。わずかにサラエヴォとエル・サルバドルがチベット問題を真剣に取り上げただけであった。その結果これは後ほど審議をするという名目で無視されてしまった。

中央チベットの侵略

この国連の無関心ぶりは中国に中央チベット侵略を実行させることになってしまった。中国は人民解放軍を簡単にラサにまで進め、ここで圧力外交と軍事力誇示の組み合わせで中央チベットを手にいれる行動を実行し始めた。中国は中央チベットを「中華人民共和国祖国大家庭に復帰させる」と宣言してチベット政府を「西蔵地方政府」と命名した。

中国はチベット人のアボをチベットの代表とすることを勝手に決め、十七ヵ条よりなる協定に調印することを迫った。この時点でのチベットの国家元首はダライ・ラマ十四世であったがアボはこのような権限を与えられてはいなかった。また調印に必要な印璽も持っていなかった。中国はアボを威嚇して調印に同意することを強制し、アボはこれに従うことになってしまった。中国側はなぜかチベットの印璽を所持しており、アボはこの印璽を用いて調印したが、この印璽は実は中国側がこの目的のために作った偽物であったとされている。ダライ・ラマ十四世はそのような権限のないアボが「調印」してしまったことに驚き、中国の謀略に気がついたが時はすでに遅かった。アボはその後中国の代弁者になってしまった。

この事件を知ったチベット人たちは蜂起した。一九五二年の三月にはチベットの人民会議は十七条の条約を撤回し、中国軍がチベットから撤退することを要求し始めた。チベット人はラサで抵抗し中国軍との衝突事件も多く発生した。毛沢東はこのチベット侵略に積極的に関係しており、その困難さに気がついた。彼の認識では最大の問題点はチベット人に比べて中央チベット内の漢族人ははるかに少ないことであった。そのためこの地域での行動は延期されることとなり、これが後の漢族人の積極的な入植政策にいたったのである。

毛沢東はあきらめず、その後もチベットに関する政治的な決断の主導権を握り続け、一九五九年の有名な「チベット蜂起」の処理にもかかわっていた。これらの出来事を考えてみると、毛沢東は「平和に対する罪」を犯していると言える。起訴するとすればこれはA級戦犯である。そしてその後の中国の主席はすべて毛沢東の侵略政策を積極的に継続しているので全員A級戦犯と見なすことができる。このような侵略精神を反映して、中華人民共和国は世界に向かって誇らしげに天安門広場に戦争犯罪人の肖像画を掲げている。

東チベットの経済活動は放牧を中心としたものであった。このような文化にしばしば見られるが、住民は自由を好み、権力による圧制を嫌った。家畜を扱う生活のため住民は銃を所持しており、中国軍はこれが気に入らなかった。そのため中国軍は銃を没収し始めた。これに住民が反発すると中国軍は典型的な共産主義教育の洗脳をして対抗した。それと共に東チベットへの漢人の入植も始められた。農業改革と土地改革が強制され、寺院と富裕層の土地財産も没収された。寺院に対する行動に怒ったチベット人はアムド（東北地方）やカム（東部）などの地域で多くの蜂起をした。そして国民防衛の義勇軍を組織して中国軍に反抗しようとした。

チベットでの虐待と虐殺

チベットにはこのような歴史的背景があるため、チベット人は各種の抵抗運動をした。これに対し中国は人権侵害の行為を行ったり虐殺をしている。現在までの時点で次のような例が知られている。

ゴロクの虐殺。 この虐殺は一九五四年におこった。ゴロクの地域にはチベット人であるゴロク人が住んでいた。そこに中国からの農民たちが入植し始め、ゴロク人たちの牧草地は農地に変えられてしまった。怒ったゴロク人たちは武装して中国人農民たちを襲撃した。中国人民解放軍は三〇〇〇人の兵士を送り込みこの紛争を武力で鎮圧しようとした。そしてゴロク人の僧院も焼き払われた。中国側は老人、子供、女性を含めたゴロク人数千人を虐殺した。この地域は辺地であるため、この虐殺は長いあいだ知られていなかった。

チベット亡命政府は中国政府の資料からどれだけゴロク人の人口が減ったかを推定している。それによると、一九五六年には十三万人のゴロク人がこの地域に住んでいたが、一九六三年には約六万人になっている。この差の約七万人のうち、その一部は他の地区に移住したことも考えられ、すべてが虐殺されたものとは断定できないのは当然であるが、それでもかなりの犠牲者があったことは推定できる。

カムの虐殺。一九五四年頃からカム地域で武装蜂起がおこり、十万人ものチベット人が参加していたと言われている。これを鎮静するために中国軍は六万五〇〇〇人もの兵士を動員し、約二万人のチベット人が虐殺された。二万人もの逮捕者も出している。

ニャロンの虐殺。ニャロンという場所ではドルジェ・ユドンという若い女性がジャンヌ・ダルクさながらに勇敢にも人民解放軍と戦い、中国兵四〇〇人を殺害したと言われている。これに対して中国軍は二万の兵力を送り込んだため、チベット軍はゲリラ戦で対抗した。この戦いで中国軍は一九五六年からの二年間に四万の兵士を失ったとされている。
この戦いの結果は極度に残酷なもので国際法律家委員会の一九五九年と一九六〇年の報告書によれば、多くのチベット人の若い女性が強姦され、男性は断種されたとしている。生きているチベット人を焼き殺すような残酷な方法を用いた公開処刑もされた。

カンロの虐殺。カンロ地区では一九五二年から六年間の間に一万人のチベット人が虐殺されたと言われている。

アムドの虐殺。アムド地域でも一九五八年の三月から八月に大規模な武装蜂起が見られた。十三万人ものチベット人たちが立ち上がったが、結局は十二万人近くの犠牲者を出してしまった。

ラサの虐殺。これは「中央チベットの大虐殺」とも呼ばれている。以下の情報はチベット亡命政府の公表したものである。事の発端は一九五六年三月一日にダライ・ラマ十四世あてに不思議な手紙が届けられた。それはラサ郊外に設置された人民解放軍司令部で劇を鑑賞しないかという招待状であった。ダライ・ラマは直ちに回答しなかったが、一応三月十日に司令部に向かうことで同意した。
ところが予定された前日の三月九日になると人民解放軍陸軍の将校たちがダライ・ラマの宮殿に現れ、疑わしい要求を持ち出した。宮殿から外出する場合、伝統的にダライ・ラマは武装された警備隊に伴われるが、観劇の折にはこの伝統に従わずに警備隊なしにしてもらいたいと要求したのである。また宮殿から人民解放軍司令部に移動する折にも公式の儀式はしないことも要求した。これらの要求には何らかのたくらみがあるのではないかという疑惑は誰の頭にも浮かんでくる。

ラサのチベット人たちもそのように考え、これが「ダライ・ラマ十四世が中国に誘拐拉致される」という噂になって広まった。観劇に予定された三月十日になるとダライ・ラマが宮殿を出たり誘拐拉致されることを防ぐために約三〇万人のチベット人が宮殿を取り囲んだとされている。そして三月十二日にはラサのチベット人はチベットの独立宣言をした。三月十五日になるとダライ・ラマはラサから避難する準備を始めた。三月十七日になると人民解放軍は宮殿の近くに砲弾を撃ち、これによってダライ・ラマがラサを逃れてインドに亡命することが決まった。三月十九日の夜から中国軍は宮殿や僧院を攻撃し始めたが、チベット軍は軍事的にははるかに劣っていたため二日後には中国軍が勝利を宣言した。

中国軍の砲撃によって宮殿、夏季用の離宮、ラサの三大寺院は莫大な被害を受けた。宮殿の中とその周辺で野営をしていた多数のチベット人も殺された。ダライ・ラマに同行せずに宮殿に残っていた警備隊員は武器を奪われて公開処刑をされた。自宅に武器を隠し持っていたチベット人たちも同じように武器を奪われ公開処刑された。数千人と推定される僧侶も逮捕され、その一部は処刑された。僧院は略奪されたり破壊された。このラサの蜂起により多くのチベット人の犠牲者をだしており、チベット亡命政府は三日間で一万から一万五〇〇〇人のチベット人が虐殺されたとしている。

これを中央チベット全体で見ると、チベット亡命政府によればなんと八万七〇〇〇人のチベット人が虐殺されたとしている。中国共産党政府の公式記録でさえも、一九五九年三月から一九六二年三月までに中央チベットでの死亡、負傷、捕虜の総数は九万三〇〇〇人としているのでチベット亡命政府の発表した数字にはかなりの信憑性があると考えられる。

「大躍進政策」の失敗による犠牲

チベット人が漢族から受けた虐待は武力侵略によるものだけではない。中華人民共和国の支配下におかれた後、その政策の失敗のため漢族を含めた他の民族と同様にまたはそれ以上に苦しめられた。「大躍進政策」は農業を改善し進歩させるのが目標であったがそれが大失敗になったのである。毛沢東は主席として失敗を公式に認め、その責任をとり国家主席を辞任した。

この政策の失敗で中国全土で五〇〇〇万人が餓死したと推定されており、チベットでの餓死者の数は一五〇〇万から三〇〇〇万と言われている。中国全体から見て人口の少ないチベットであるのでこの推定数は驚くべきものである。五〇〇〇万のうち一五〇〇万であればチベット人の餓死者数は全餓死者数の三〇パーセントにあたり、五〇〇〇万のうち三〇〇〇万であれば六〇パーセントに相当することになる。これらの数字をそっくりそのまま鵜呑みにしないでも、チベット人たちはこれによってても虐待をされたと断言できる。イギリスのジャーナリストで二〇年近く北京特派員であったジェスパー・ベッカーはこの問題を取り上げた本の中で、「大躍進政策」の失敗の結果チベット人ほど餓死のひどさを体験させられた民族はいない、と断言している。

これを戦争犯罪と見なすのは一見無理があるように思われるかもしれない。しかしこの災難はチベットが武力侵略によって強引に中華人民共和国の中に組み込まれた後でおこった悲劇である。そしてチベットが独立国であった過去においてはこのような飢饉はなかったとされている。したがってこの観点から戦争犯罪であると議論することが可能である。国際軍事裁判所条例のB級戦争犯罪の定義を見ると、「占領所属もしくは占領地内の一般人民の殺人、虐待……」が該当すると考えられる。この条文の最後に「ただしこれに限定されない」と記されており、戦争犯罪の意味にはかなりの解釈の自由さが見られる。

チベット人の人権蹂躙

チベット人の人間としての尊厳も無視され蹂躙されている。強制的に中絶手術や不妊手術をされた数多くの女性の例が知られている。二〇〇八年三月三一日にBBCのチャンネル4は亡命したチベット人のタシ・デスパによるドキュメンタリー番組を放送した。それによると二人目の子供を出産した女性は不妊手術を強制され、もし三人目の子供の妊娠が判明すると中絶させられる。ある女性は強制された不妊手術は麻酔薬も用いない大変痛いもので手術の後ベッドで泣いたと述べている。手術を拒否すると自宅の物品を没収すると脅迫されるので同意せざるを得なかったのであった。アムドの男性によれば同意をしないと罰金を科せられたり夫が職を失ったり減給されたりするので仕方なく手術に同意する者が多いとのことであった。

やはり広く知られている実例として子供の誘拐がある。「中国で学校に通える」という約束のもとに村単位で多くの子供が連れ去られ、そのまま音信不通になってしまうのである。連れ去られた子供たちは人身売買に巻き込まれたと推定されている。

しかしチベット人の人権蹂躙はこれだけではない。僧と尼僧を公衆の面前で強制的に性交をさせることが報告されている。またあらゆる種類の道具を用いた拷問をすることも知られている。その中で特記すべきものは電気棒を用いた拷問でこれは一九八〇年から用いられている。電気棒は直径〇・五インチか二・五インチで五万ボルトが通じており、これを口や肛門そして女性の場合には膣に挿入する。その痛みは失神するほどひどいとされている。尼僧でもこの拷問から免除されることはない。

チベット全域での犠牲者総数

中国のチベット侵略と併合により数多くの犠牲者がでており、その多くは虐殺であり明らかに人道に対する罪である。毛沢東はA級の「平和に対する罪」のほかに「人道に対する罪」の観点からC級の戦争犯罪人でもあることがほぼ確実である。しかし犠牲者の数を確定することはできず、残念ながら単に推定することしかできない。チベット亡命政府その他の資料にもとづく推定によれば、チベット全域での犠牲者総数は一二〇万人とされている。中国が侵略を始めた時点でのチベット全域の人口を六〇〇万と推定した数字があるが、この推定数を用いた場合、その約二〇パーセントが虐殺または行方不明となっているわけである。

チベット出身で日本在住のペマ・ギャルポは一九五〇年から一九八四年の間に侵略のため一二〇万人以上のチベット人が死亡したとしている。これはチベット亡命政府の数字でもある。その内訳は次のようなものである。

戦いや蜂起によるもの　四三万二七〇五人
餓死　三四万二九七〇人

獄死と強制労働収容所での死	十七万三二二一人
処刑	十五万六七五八人
拷問による死	九万二七三一人
自殺	九〇〇二人
合計	一二〇万七三八七人

スペイン最高裁判所への提訴と受理

中国のチベット侵略と強制的な併合は現在では世界で広く知られており、それにともなって中国を非難する国や人権団体も多い。その中で特に注目すべきはスペインでの法的な展開である。スペインにはチベットでの人権問題を追及する二つの団体がある。「チベットを支持するスペインの委員会」（CATと呼ばれる）と「チベット問題協議会」であるが、この二つの団体は中国を相手取って訴訟をおこし、スペイン最高裁判所は普遍的司法権の原則にもとづいた普遍的管轄権を適用できるとしてこの訴訟を受理した。

その結果、二〇〇九年五月五日にスペイン最高裁判所のサンティアゴ・ペドラス判事は「人道に対する罪」を犯したという容疑により中国政府の高官八名を裁判に召還すると発表し、これは五月六日に中国側に伝えられた。この召還をする根拠として、ペドラス判事は二〇〇五年に締結されたスペインと中国の二国間司法協力協定に言及している。二〇〇九年五月五日のAFP通信によれば、この協定によって相互に司法協力を要請することができ、告訴の内容が実証されればこれら八名の容疑者は「人道に対する罪」の疑いによりスペインの法ならびに国際法の二種類の法的根拠にもとづいて裁かれるとしている。二〇一三年十一月二〇日のNHKニュースによればスペインの高等裁判所は江沢民元国家主席、李鵬元首相など五人に対する逮捕状を出す決定をしたとのことである。

東トルキスタン（新疆）での虐待と虐殺

中国は満州族が建国した清の帝国の時代になって、それまで一般に東トルキスタンと呼ばれていた地域を新疆と呼ぶようになり、中国の一部と見なすようになった。この考えは漢族による辛亥革命によって一九一二年に建国された中華民国に継承された。現在の中華人民共和国はこれを歴史的根拠として東トルキスタンが中国領であると主張し新疆と呼んでいる。にもかかわらず、歴史的には東トルキスタンには独立した政府が存在していた。

一九四九年になると、中国共産党はこの地域を積極的に支配することを決め、東トルキスタン政府と交渉を始めた。その手始めとして中国は東トルキスタン政府の要人たちを北京に招いた。しかし彼らの搭乗した飛行機は八月二七日にソ連領内で原因不明の事故のため消息を絶ってしまった。この事故についての真相はいまだに解明されていない。国家の首脳部を突然失った東トルキスタンは混乱し、新しい指導者たちは国民政府との関係を断絶して共産党の政府に従属することを誓わされることとなってしまった。その結果東トルキスタンは新疆となり、中華人民共和国の一部に組み入れられた。これは中国側の呼称によれば新疆ウイグル自治区と呼ばれている。そして住民はウイグル人、カザフ人、キルギス人などが主であり、過去の歴史を反映してこれは漢族の地域ではない。

人種的・民族的に漢族と大きく異なること、この地域の住民にはイスラム系が多いことなどが漢族を主流とする現在の中国に対する憤懣や怒りが存在する大きな理由である。例えば漢族の大規模な入植、イスラムを侮辱すると見なされる中国の出版物などがデモ、紛争、動乱の原因になっている。

この他にもロプノールでの核実験の問題もある。この地域にあるロプノール湖周辺では一九六四年以後少なくとも四五回もの核実験がおこなわれており、一九八〇年までは地下でなく地上での核実験であった。そのため十九万人が急死をし、急性の放射線障害の被害者が百二十九万人にもなっていると推定されている。医師アニワル・トフティの調査によればこの地域の悪性腫瘍の発生率はウイグル人も漢人も高い。他の地域に住んでいる漢人に比較するとこの地域のウイグル人の悪性腫瘍は三五パーセントも高いとされている。

チベットの場合と同様に、東トルキスタンも「大躍進政策」の失敗による多くの餓死による犠牲者をだし、また「文化大革命」によってイスラムが攻撃され、モスクが破壊されたりイスラム指導者が虐待されたりした。中国国内の少数民族を同化させるという政策のもとに、二〇〇六年から二〇〇九年の間、十四歳から二五歳の未婚のウイグル女性三〇万人が中国各地に強制的に移住させられた。スターリニズムそっくりの強制移住である。これらの女性は拒否すれば分裂主義者とかテロリストと呼ばれて迫害や虐待を受けるため同意せざるを得なかった。

グルジャ市の虐殺

以上の理由により東トルキスタンでは比較的に小規模の紛争が多く発生しており、それにともなってウイグル人が死亡している。バリン郷事件やアクス、カシュガル、クチャなどでの紛争である。バリン郷事件では多くのキルギス人も反中国の行動に参加していた。しかしこれらの紛争の詳細は不明であるのでここでは割愛する。

グルジャ市での虐殺では犠牲者の数も多く、海外でも比較的知られている事件である。一九九七年二月五日にグルジャ市（イニン市とも呼ばれる）で大規模なデモが発生した。これは中国が少数民族の独立運動を「分離主義」と呼びそのような活動に従事する者を徹底的に弾圧し始めた結果によるものである。中国側はデモを「分離主義者」のたくらみとし、デモと暴動の首謀者と見なされた三人が処刑された。一九九七年三月二一日の時点におけるアムネスティー・インターナショナルの推定によれば、その後も一〇〇〇名以上が逮捕され、そのうち三〇名が処刑されたと言われている。犠牲者の数に関しては情報源によってかなりの違いがあるのでこの数字は確定されたものではないが、デモをしたことによって処刑された者があったことは間違いない。

ウルムチ市の虐殺

二〇〇九年の六月に玩具工場で漢族の女性がウイグル人男性から性的暴行を受けたという噂があった。これが事実であったのかどうかは警察の調査によっても解明されず、その真相はいまだに不明である。ＢＢＣによれば、この噂を聞いて怒った漢人たちは六月二五日と二六日にウイグル人を襲撃して二人を殺害した。そしてウイグル人七九人と漢人三九人が負傷した。ウイグル人たちは当局によるこの事件への対処は漢族側にかたよったものと解釈し、七月五日にウルムチ市内で抗議活動を開始した。

これに対し中国当局はウイグル人の非合法組織によって計画された事件であるとし、亡命組織である「世界ウイグル会議」を非難した。この組織の議長であるラビア・カーディルは二〇〇九年七月八日付の『ウォール・ストリート・ジャーナル』の中でこれを真っ向から否定し、彼女はすべての暴力行為を非難し、これは中国当局がウイグル人に対しては法の遵守をしていないために発生した事件であるとした。ラビア・カーディルは共産党員で実業家であるが、以前から中国当局のウイグル人の人権無視を非難しつづけていたため、すでに一九九九年には投獄されており、ノーベル平和賞の候補にもなっている人物である。

蛇足ではあるがダライ・ラマにノーベル平和賞を授与して中国を激怒させてしまったため、事大主義の安全策を選ぶノルウエーの平和賞委員会は今後彼女に平和賞を授与するとは思われない。平和賞などとは正反対の存在であるオバマ大統領にこの賞を与える委員会の行動は事大主義そのものである。ノルウエーのノーベル委員会は過去の権威も信憑性も失ってしまった。

七月五日に始まった抗議活動は拡大し、約三〇〇〇人がデモに参加したとされている。その参加者の一部は暴徒となり放火をしたり漢人を襲撃したりという結果になった。これは更に治安部隊と衝突となり、その結果の犠牲者数についてはウイグル側と中国側で大いに異なる数字が出ている。世界ウイグル会議によれば最大三〇〇〇人のウイグル人が中国当局や漢族によって殺されたものと推定している。数字を少なく公表した中国当局でさえも警察がウイグル人を射殺したことを認めている。

内モンゴルの歴史

漠然とモンゴルと呼ばれる広大な地域には外モンゴルと内モンゴルがあり、現在の日本で多くの関取の出身国としておなじみのモンゴルとは外モンゴルのことである。内モンゴルは南モンゴルとも呼ばれ、現在では中華人民共和国の一部になっている。しかしチベットや東トルキスタンの場合と同様に、ここにも漢族の執拗な拡大主義と植民主義、そしてそれにともなう虐待と虐殺の歴史がある。

漢族ではない満州人は一六三六年に清国を建国した。この清国は満州人の本来の地域である満州を含むのは当然であるが、その他にモンゴル全域、チベット、東トルキスタン、朝鮮半島、そして中国本土を含むという広大なものであった。この歴史を根拠として中華人民共和国はチベット、東トルキスタン、内モンゴルを中国の一部であると主張しているのである。

一九〇六年になると、漢族出身の孫文が満州族による中国支配を排除し、漢族の支配を取り戻すことを主張し始めた。これが一九一一年の辛亥革命の思想的根拠となり清国は崩壊した。そして一九一二年一月一日に漢族支配による中華民国が建国された。孫文は臨時大統領に就任し、中華民国とは漢人、満州人、モンゴル人、ウイグル人、チベット人よりなるものと宣言した。

このような漢族の主張と行動に他の民族が反発するのは当然である。一九一三年一月十一日にモンゴル人とチベット人はチベット・モンゴル相互承認条約を締結した。この条約の目的はチベットとモンゴルは清国と、それを事実上継承して漢族支配の国とした中華民国の支配を拒否することであった。外モンゴルと内モンゴルは一時は統一に近い状態にまでなったがロシア帝国はこれに圧力をかけ、この統一は長続きしなかった。

一九一五年になるとロシア帝国と中華民国は外モンゴルのみの自治を認めるという合意をした。ロシア帝国が一九一七年の革命で崩壊すると、中華民国は一九一九年に外モンゴルに侵入し占領した。ロシア革命に反対の白軍(「赤」の共産軍に反対の意味)は外モンゴルに進駐し中華民国軍を追い出した。しかしモンゴル人はロシア白軍には好意的ではなく、その結果モンゴル人の間に共産主義が浸透し、一九二一年に外モンゴルはモンゴル人民共和国として親ソ連の共産主義国となった。

満州国の建国

一九三二年に日本の関東軍は歴史的に満州族の地域である内モンゴル東部に満州国を建国し、清国最後の皇帝であった溥儀がその皇帝となった。日本人も外国人含め、歴史を知らない人々は「日本が中国を侵略して溥儀の傀儡政権による満州国を建国した」といったような表現を用い、これが世界の教科書などにごく一般的に見られるが、満州国建国にはこのような内モンゴル東部の歴史的事実があったのである。したがって日本が中国を侵略してその一部に傀儡政権を樹立したという表現は正しいものとは言えない。

より正確な表現は、「満州族の昔からの領土である内モンゴル東部に、漢族の辛亥革命によって失脚した満州族出身の清国の皇帝がこの地域に限定された形で復権した、この復権に日本が積極的に関与していた」とでもするべきであろう。溥儀自身は復権を熱望していたのは事実であり、復権に関東軍が関わっていたのはこれとは別の話になる。そして満州族が自分たちの土地に自分たちの国を建国すること自体には非難される理由はまったくない。

内モンゴル中部では自治を要求する運動が発展し、その結果一九三六年に内モンゴル軍と中華民国軍が衝突する事態にまで至った。内モンゴルは一九三九年に蒙古聯合自治政府を設立しモンゴル人の自治政府の発足に成功した。満州国と蒙古聯合自治政府は中国とはまったく別の二つの独立した自治組織であった。蒙古聯合自治政府は後に蒙古自治邦政府の名称に変更された。

第二次世界大戦も終わりに近づいた一九四五年八月九日にソ連は満州国と内モンゴルに軍隊を送り込んだ。これによって満州国と蒙古自治邦政府は崩壊させられた。内モンゴル東部はソ連軍によって管理され、その後中国共産党に支配権が渡された。内モンゴル中部は中華民国の支配下に入った。

モンゴル人の虐殺

一九四五年八月以後、中華民国軍と中国共産党軍の間で内戦が続いた。一九四七年五月一日に中国共産党の党員であるウランフは内モンゴルに内蒙古自治区を制定し自らその主席の地位に就任した。ウランフは一九四九年に中華人民共和国が建国された後も問題なくこの地位を保持していたが、一九六六年七月十二日に中華人民共和国主席の鄧小平がウランフを「分裂主義者」と決めつけ失脚させてしまった。これにともなって大々的なモンゴル人の弾圧が始まった。

一九六六年から一九七六年にかけて内モンゴル自治区（南モンゴル）、東トルキスタン、チベット、満州地区に住んでいたモンゴル人たちを「分裂主義者」とか「地域国粋主義者」などの罪状で逮捕し投獄した。その数は七〇万から八〇万人と推定されている。そして五万から十数万人が処刑されたと推定もされている。これは内モンゴルの人口の六〇パーセント以上であったとされている。これらの情報が事実であるとすれば、鄧小平は疑いなく「人道に対する罪」を犯したC級の戦争犯罪人である。

それと共に中国共産党は数千万人の漢人を内モンゴルに移住させた。その結果相対的に内モンゴルでのモンゴル人の割合は減少し、総人口の二〇パーセントにまでなり、内モンゴルの少数民族に成り下がってしまった。つまり漢族が八〇パーセントにもなってしまったのである。

内モンゴルの独立運動は消えてなくなってしまったわけではない。それどころか一九八九年の天安門での虐殺事件は独立運動を勇気づけるきっかけになったとさえ言える。中国国内での独立運動は弾圧されるため、チベット人やウイグル人のように海外に本拠地を置いた団体が日本、ヨーロッパ、アメリカなどで活動している。

漢奸の処刑

「漢奸」とは裏切り者という意味で、漢民族を裏切ったと見なされた者に対して用いられる表現である。特に他の民族や国家に協力して漢民族に不利な行動や発言をしたと見なされた場合に用いられる用語である。漢奸とされた人間は法的に不利な扱いを受けたり、正当な裁判なしに罰せられたり処刑されてしまう。これは漢族が紛争や戦争の状態にある場合に見られる現象である。厳密に言えば満州族は漢族ではないのは明白であり、歴史的にもそのように定義されていた。しかし中国が欧米や日本の脅威にさらされるようになると、このような圧力に対決する必要から満州族も漢族に属すると考えられるようになった。

政治思想としての漢奸狩りは日中戦争が始まってから狂信的に実行された。単に日本軍や日本人に対して好意的であると判断されただけで処刑された場合もあるとされている。日本についての知識があること、日本語を話せることだけで漢奸とされたこともあった。更には漢人ではない場合でも漢奸と呼称されたこともあった。

一九三七年九月十四日付の『読売新聞』によれば、中華民国の主席であった蒋介石は日本軍を相手に戦わずに軍隊から敗走する兵士を漢奸と見なし、厳しい対処をすることを命じた。この方針は更に強化され、徴兵反対者、軍への奉仕を嫌って脱走する者、長期にわたって日本に住んでいた者などは漢奸と判断され、公開処刑の形で銃殺された。中国兵による略奪に反対した人物が漢奸と見なされ火あぶりの刑にされたとも言われている。これらの情報は一九三七年の日米英のいくつかの新聞の記事から知ることができ、八月二七日付の『ニューヨーク・タイムス』、九月二七日の『タイムス』、八月二九日付（第二夕刊）、九月三日付（第一夕刊）、三〇日付（号外）

の『読売新聞』、八月二九日付（号外）の『東京朝日新聞』などに報告されている。

上記の『タイムス』の記事によれば、一九三七年九月に広東が空襲された折、電燈を意図的に点滅して敵軍に協力した者がいたという噂が広まった。容疑者は逮捕できなかったため、一週間で一〇〇人以上の「漢奸」がスパイ容疑で処刑されたとされている。以上の情報が信頼できるものとすれば、蒋介石も「人道に対する罪」を犯したC級の戦争犯罪人であったという議論が可能である。

上海南市の老西門の広場では第二次上海事変勃発の後、毎日数十人が漢奸として処刑された。その数は約四〇〇〇人とも推定され政府の役人三〇〇人以上が含まれていた。処刑後の犠牲者の首は見せしめのためにさらし首にされた。これらの処刑は厳戒令の下の非常事態であるという理由で裁判なしの判決の後であった。これらの情報も一九三七年の新聞記事からのもので、九月十五日付の『読売新聞』と八月三〇日付の『ニューヨーク・タイムス』による。

同時期に南京でも大規模な漢奸の処刑がおこなわれ、これについても新聞記事が存在する。一九三七年十月二九日付と一九三八年一月五日付（夕刊）の『東京朝日新聞』によると、その数は連日八〇人にも及び、一九三七年十一月までに約二〇〇〇名になったとされている。その中には日本に留学をした者が多く含まれていた。これらは単なる噂や目撃者のない口伝えの情報ではなく、信憑性を重要視する新聞の記事であるためまったくの偽りとは考えられない。

更に考えられることは、この情報が信頼できるものとすれば、犠牲者の一部またはすべてがいわゆる「南京事件」の犠牲者として日本軍によって虐殺されたと報告されていた可能性も否定できない。ここで特に注目すべき点は日本軍の南京攻撃が始まったのは一九三七年十二月七日で、南京城が陥落し日本軍が実際に入城したのは十二月十三日であったことである。一九三七年十二月二日付の『読売新聞』夕刊によれば、日本軍の攻撃が始まる直前の時点において南京城内で数多くの犠牲者が漢奸として銃殺され、いたるところにその首がさらし首として公の場所で見せしめの展示がされていた。したがって日本軍が攻め込んでくる時点以前に大々的な漢奸の処刑が実行されていたのはほぼ間違いない。

日本で広く知られた漢奸に関する事件として川島芳子と山口淑子の例がある。川島芳子は満州族であるにもかかわらず日本名を名乗り、日本人として活動したため漢奸狩りの的となり銃殺刑に処せられた。一方日本人の山口淑子は李香蘭の芸名で女優と歌手として中国で活動していたため漢奸と見なされ、一時は死刑の判決を受け処刑されることが決まっていたが処刑寸前に日本人であることが証明され処刑を免れた。その後日本へ帰り女優、政治家として活動した。

通化市での虐殺

これは一方に中華民国軍、他方に中国共産党ならびに朝鮮人民義勇軍、という敵対する二つの軍の間の戦争に巻き込まれた結果、日本人と中国人が虐殺された事件を指す。朝鮮人民義勇軍というのは朝鮮人でありながらそれまでは名目上日本兵であった兵士たちと現地の朝鮮人よりなる軍であった。満州国が崩壊した後、この地域は一時中華民国の管理下にあった。通化市の通化国民学校には日本人の避難民収容所が設置され、ここに通化市在住の約一万七〇〇〇人の日本人や他の地域からの約十万以上と推定される避難民が収容されていた。元日本兵はソ連軍によってシベリアに送られていたため、これらの避難民の多くは老人や女性であった。

通化市には最初ソ連軍が進駐し略奪や強姦をしたが本章は中国の戦争犯罪を扱っているのでソ連による戦争犯罪についての記述は省略する。ソ連軍はあまり長くは駐留せず通化市は中国共産党が管理することとなった。中国共産党軍は通化市で管理職の地位にあった中国人と日本人を拷問にかけたり人民裁判をしたあと処刑した。また民族に関係なく強奪をした。そして九月二二日に通化市に残っていた中華民国軍を撃退させた。通化市を完全に支配することになった共産軍は日本人に旧関東軍司令部に移動することを要求し、日本人がこれに反対するとこの要求を撤回する代償として全員共産主義者になるという誓約をし全財産を供出することを要求した。公式の会合で天皇制を支持する発言をした者は処刑された。

元関東軍の軍人と中華民国の関係者は武装蜂起を試みたが中国共産党側はこの計画を事前に周知していたため失敗し、三〇〇〇人以上の者が逮捕・拘束された。一九五二年十二月四日付の『朝日新聞』夕刊はこの事件について次のように記している。

引揚援護庁と外務省で四年間にわたり調べた結果詳しい内容が判り……引揚援護庁復員局吉田留守業務部長は……次のように発表した。昭和二〇年……九月進駐した中共軍の日本人に対する虐殺暴行はひどく、元一二五師団参謀長藤田大佐らが中心となって元軍人、邦人などを集め中共軍諸機関を攻撃する計画をたて、二一年二月三日を期して攻撃を決行、四〇〇人のうち大部分が戦死した。中共軍は日本人の男は十五歳から六〇歳まで、女は攻撃に関係あると思われるものなど合計約三〇〇〇名が投獄され、その大部分が処刑されたとみられる。いままでに判った死亡者は約一一九〇名……である。

日本政府の公式文書以外に私的な記録もある。松原一枝著『通化事件』は次のように述べている。二月三日の朝八時に中共兵が各戸別に日本人の家を襲い、十六歳から六〇歳の男性をすべて戸外に出し一箇所に集合させた。その数は三〇〇〇名であったとも言われている。それらの人々を地区別に指定した獄舎、旧防空壕跡、旧憲兵隊跡、公安局、県大隊などに連行した。零下二〇度近い寒さの時に着の身着のままの行進であった。収容所が足りないため、空いている倉庫や建物も利用された。

ある場所では八畳ほどの部屋に最初五、六〇人が入れられた。その後中共兵は残りの者を銃や棍棒で殴ったり蹴飛ばしたりして無理に部屋に押し込んだ。そして部屋には外から鍵をかけ、番兵が監視をした。部屋の中には一〇〇人近くが詰め込まれていた（日本青年会議所の資料によれは一二〇人であったと推定されている）。この状態では一切の身動きができない。大小便垂れ流しのまま五日間立ったままの状態にされた。部屋の中の酸素は欠乏し精神に異常をきたす者もあった。苦痛の声を出すと窓から銃撃されたため、窓際の人間が射殺された。射殺された者は立ったまま放置されたり他の拘置者の足の下で踏まれた。この拘束と虐待には朝鮮人兵士が関与していた。

このような拘束から五日後に部屋から引き出された。朝鮮人民義勇軍の兵士たちは棍棒で殴りつけ多くは撲殺されたり手足を折られたりした。その後中国共産党軍による尋問と拷問がおこなわれ、鴨緑江の支流の川で虐殺された。この川は凍結していたためにその上での処刑であった。女性でも処刑された例もあった。男性が拘束された後、共産軍の兵士の中には日本人住宅に押し入り女性を強姦した例もあった。武装蜂起の後、負傷者の手当てをした者は女性や子供でも銃殺された。

国際軍事裁判の基準と中国の戦争犯罪

第二次大戦後の国際軍事裁判はナチス・ドイツと日本に対しておこなわれた。現実にはこれには二つの国際法的な取り決めがあり、ナチス・ドイツを対象にして作成された国際軍事裁判所条例と日本を対象にして作成された極東国際軍事裁判所条例がある。

中国の戦争犯罪を国際法の観点から考察する場合、この二つの条例のどちらを出発点とするかの問題がおこりうる。しかし現実にはこの二つの条例は同じものである。したがってどちらの条例を参考にしても中国の行動を戦争犯罪と判断するかどうかという結論は同じになる。ただし最初に作成された国際軍事裁判所条例にはより詳細な規定が明記されているので本章ではこれを参考にする。

この条例は一九四五年八月八日に制定されているため、一九一一年の辛亥革命以後の戦争犯罪と見なされる行動を取り上げると条例には該当しない例も出てくる。例えば内モンゴルでの数々の事件や漢奸の虐殺などである。しかしここで注目すべき点はこの条例で定義されているＡＢＣ

の三種類の戦争犯罪のうち、Ｂ級の「戦争犯罪」とＣ級の「人道に対する罪」に関しては一九六八年十一月二六日の国連第二三回総会において時効を認めない「時効不適切条約」が賛成多数で採択されているという事実がある。したがってこの条約を遵守すれば本章で列記された戦争犯罪と考えられる中国の行為は非難され、告発され、罰せられるものとしてよいはずである。

東京裁判で取り上げられた三種類の戦争犯罪の場合、Ａ級の「平和に対する罪」とＣ級の「人道に対する罪」は事後法であり事後法をもって裁判をし判決をするのはあきらかな国際法違反である。これはすでに何度も述べた点である。したがってこの議論を中国の戦争犯罪についても公平に当てはめるならば、国際軍事裁判所条例が制定され、この三種類の戦争犯罪が明記された一九四五年八月八日以前に犯された中国の犯罪もやはり事後法の議論を持ち出すことによって無罪を主張できるはずである（もちろん東京裁判のやり方を繰り返せば事後法の問題など存在せず、三種類の戦争犯罪をいつの時点にでも適用できる）。

しかしそれと同時に――ここが大変重要な点であるが――この時点以後に犯された戦争犯罪については事後法ではなくなるため、中国の戦争犯罪を明確にそして強力に非難し告発し罰することができるはずである。さらに付け加えると、現在の時点は「時効不適切条約」発効の時点より後であるので今日現在、一九四五年八月八日以後に犯された中国の戦争犯罪は告発できなければならない。この点に関しては法は我々の味方であるのは明白である。

また国際軍事裁判所条例とはまったく無関係に、ジュネーブ条約とハーグ条約に違反した戦争犯罪の行為も処罰されるのが法の原則にかなっている。この二つの古い条約は国際軍事裁判所条例で定義されている狭義の「戦争犯罪」と多くの点で重複しており、これには「時効不適切条約」が適用できると議論できる。

国際軍事裁判所条例を中国の戦争犯罪に適用した場合

これらの点を考慮してこの章で列記した中国の戦争犯罪について国際軍事裁判所条例に記述されているＡＢＣの三種類の戦争犯罪について考えてみると次のようなことが言える。すでに述べられているように、このＡＢＣというのは単に三種類の罪ということで、Ａ級の罪が最も重罪でＣ級の罪が最も軽い罪ということではない。

中国は明らかにＡ級の「平和に対する罪」を犯している。これはチベットの侵略、東トルキスタンの侵略、内モンゴルの侵略をした事実から断言できる。歴史の過去にさかのぼれば、中国はチベットや内モンゴルの侵略の危険にさらされ、ケロッグ・ブリアン条約に言及されている自衛権のための行動としてこのような行動をとった、と詭弁をてらうことも理論的には不可能ではないかもしれない。しかしこれらの過去の出来事を取り上げることが可能であったにしても、それに対する「自衛」としての行動は数百年後のことであり、これではケロッグ・ブリアン条約を引用する説得力がない。したがって中国はこのような過去の歴史には無関係に侵略をしたという議論となる。これが「平和に対する罪」を犯したという罪状になる。

中国がB級の「戦争犯罪」を犯したのも明白である。国際軍事裁判所条例によれば戦争犯罪とは「占領所属もしくは占領地内の一般人民の殺人、虐待、もしくは奴隷労働、もしくはその他の目的のための追放、俘虜もしくは海上における人民の殺人もしくは虐待、人質の殺害、公私有財産の略奪……」とある。ここに列記されている戦争犯罪の事項がチベット、東トルキスタン、内モンゴル、旧満州で実際に発生している。

C級の「人道に対する罪」の場合も中国がこの罪を犯しているのは明白である。とくにチベットと東トルキスタンの場合には条例に明記されている「人種的もしくは宗教的迫害」の定義が該当し、内モンゴルの場合でも「人種的迫害」が該当する。「人道に対する罪」の定義は「殺人」の事項のように「戦争犯罪」の定義と一部重複しており、その意味では中国はこの両方つまりB級とC級の戦争犯罪も犯している。

漢奸の虐待と虐殺の場合、犠牲者の多くは漢人であった。この場合でも「人道に対する罪」は「政治的迫害」を含んでいるのでこれに該当することになる。

中国の戦争犯罪を放置しておかずに何らかの法的行動をとることが二一世紀に生きている我々

の義務である。その観点からスペイン最高裁判所でチベットの虐殺が提訴され受理され、さらには逮捕状まで出されることになったのは我々への指針・勧告・忠告と考えたい。そして今後も全世界で中国の戦争犯罪に対するこの種の訴訟がなされることを期待したい。日本人も行動しなければならない。

第六章　韓国の戦争犯罪

中国の戦争犯罪の場合と同じように、誰が、いつ、どのように戦争犯罪を犯したのかという問題は韓国についても考えられる。日本と朝鮮半島の間の武力紛争は歴史をさかのぼればきりがない。誰でも知っている例では一五九二年の文禄の役と一五九七年の慶長の役があり、韓国側としてはこの二つの事件を「戦争犯罪」と「人道に対する罪」として日本を非難できる。

日本が被害を受けた例としては一二七四年の文永の役と一二八一年の弘安の役がある。この二つの事件はいわゆる元寇であるが、実際にはモンゴル人、漢人、満州人、高麗人の連合軍であり、中でも高麗人は他の民族よりも大きな役割を果たしていた。

文永の役では対馬と壱岐の住民が残虐行為の被害をうけ、当時の文書である『高祖遺文録』によれば捕虜となった女性の手のひらに穴をあけてそこに縄を通し船に結びつけたと記されている。

また高麗側の公式記録である『高麗史』の二八巻には二〇〇人の少年少女が捕虜として高麗王と王妃に献上されたとある。

以上の歴史的な記録にもとづいて日本側としてはこれらの出来事を「戦争犯罪」と「人道に対する罪」として韓国を非難することができる。そしてこの二つの犯罪については時効がなくなっているため、理論的にはこれを国際的な裁判に持ち込むことができるはずである。

独立後の大韓民国での戦争犯罪

現実的に考えれば、韓国の犯した戦争犯罪は原則としては朝鮮半島の南半分が大韓民国という公式の名前で一九四八年八月十五日に独立した時点以後において発生したものとするのが適切である。しかしここで韓国特有の歴史的事実を知っておく必要がある。韓国ではすでに建国直後の時点から共産主義の勢力に直面した危機感があり、これに対決するために強力な反共産主義の軍国主義が台頭した。その結果この軍国主義にもとづいた全体主義の国家体制が形成され、それが長期にわたって維持された。

韓国の最初の大統領であるイ・スンマンは共産主義嫌いで、韓国国内の共産主義者とその同調者の行動はすべて徹底的に鎮圧することをした。中でも共産主義的な政党である南朝鮮労働党は韓国各地で幅広く支持されていた。イ・スンマン大統領はこれに対決するため一九四八年十二月一日に国家保安法を制定した。この法令によって韓国の全体主義への道が決められ、この基礎のもとに大虐殺をもたらした悪名高い「国民保導連盟」が結成されたのである。

五人目のチョン・ドゥファンと六人目のノ・テウの両大統領は共にベトナム戦争で共産主義に対して戦った軍人であった（韓国では同一人物が大統領に再選された場合、次の代の大統領と見なされる。したがってこの二人は五代目と六代目ではない。チョン・ドゥファンは十一代目と十二代目、ノ・テウは十三代目となる）。

韓国では軍の影響力が強く、イ・スンマン大統領は四・一九革命で失脚し亡命した。二人目のユン・ボソン大統領は五・一六軍事クーデターと対決させられ、三人目のパク・チョンヒ大統領は非常戒厳令の体制を経たあと暗殺された。四人目のチェ・ギュハ大統領は後に五人目と六人目の大統領になる二人の軍人による五・一七クーデターのために辞任を余儀なくされた。

九人目のノ・ムヒョン大統領は自殺をしている。この自殺は軍とは関係なかったが、すべての問題を軍の力と殺人によって解決しようとする軍事思想の影響があったのではないかと推測するのも不可能ではないかもしれない。

このような形で韓国特有の政治文化が形成され、軍部が思想の自由と言論の自由のない韓国を支配していたのである。欧米的な感覚で表現すれば、「民主主義の存在しない」、「民主主義に関して未成熟な」韓国なのであった。したがって韓国国民は韓国の歴史について客観的に知らされていなかった。韓国人の好きな表現を逆用すれば「正しい歴史認識」をしていなかったのである。軍や軍国主義に対して批判的なことは長い間タブーであり、その代償として日本に対しての批判的な発言と行動は自由であった。

「真実と和解の調査会」の誕生

しかしこの韓国の思想統制にも変化が現れ始めた。その最初は八人目のキム・デジュン大統領の就任である。彼は軍部の支配に反対していたため一度は死刑の宣告までされていたほどで、東京滞在中に韓国中央情報部の官憲によって拉致され、韓国に強制送還されたことで日本ではおなじみの人物である。韓国の民主化に貢献したという理由で後にノーベル平和賞を受けている。

八人目のキム大統領の後任者である九人目のノ・ムヒョン大統領の時代になって更に重要な変化が見られた。二〇〇五年十二月に韓国で「真実と和解の調査会」が発足したのである。この調査会の目的は韓国の隠されていた歴史、韓国の醜い過去の歴史をすべて厳密に調査し公開することであった。年間一九〇〇万米ドルの予算がつき、二四〇〇人の職員で運営されることとなった。調査の対象となったのは一九一〇年から一九四五年までの日本統治時代、朝鮮半島で米ソが対立して政治的弾圧がされた時代、朝鮮戦争、全体主義と軍事政権が継続した一九八〇年代までであった。

この調査会の名目から推察できるように、この団体の発足は南アフリカ共和国の「真実と和解の調査会」からヒントを得ている。南アフリカ共和国での調査会はアパルトヘイトが廃止された直後に発足したが、韓国の場合は建国の一九四八年から六〇年近くも経てからのことであった。日時がかかりすぎたとは言うものの、この調査会の発足は韓国の歴史を正しく認識するという意味で大いに評価されなければならない。

確かに問題点も存在する。このような大規模な調査をするには予算が不足なのは明白である。また証人と認められた人物が存在していても証言を強制することはできない。また証言が証人にとって不利な内容であった場合、刑罰から免除される規定もない。その結果、退役軍人は証言などしたがらず、昔の古傷のことなど思い出したくないのは理解できる。したがってこれまでに蓄積された情報が極度に限られたものであるのは明白である。

『ハンギョレ21』とク・スジョン

全体主義の支配のために言論の自由のなかった韓国に変化をもたらし始めたもう一つの事実が

ある。それは『ハンギョレ21』という週刊誌の刊行である。この週刊誌は『ハンギョレ』という日刊新聞を刊行する新聞社を母体とし、新聞そのものは一九八八年に創刊された。それまで存在していた新聞社から軍によって追われた新聞記者たちが参加して記事を書き、それまでタブーとされていた事も記事にし始めた。このように描写すると日本人の感覚では「左翼的」な新聞であるような印象を受けるが、実際は韓国のジャーナリズムがそれまでよりも多少常識的になっただけである。国際関係や日本についての記事は韓国の他の新聞とあまり変わらない。なお、「ハンギョレ」という韓国語は「一つの民族」という意味だそうである。現在ではインターネット上で日本語版を読むこともできる。

このようなハンギョレ新聞社の社風を反映した『ハンギョレ21』という週刊誌は一九九四年に創刊され、極度にかたよった情報しか知らされていなかった韓国人にとっては、ある種の記事を読むのは驚かされること、ショックをうけること、罪悪感を感じることであった。これは特に韓国人自身による戦争犯罪があったことを知ってからである。記者の中でも特にク・スジョンという勇気ある女性が書いた記事が大反響をもたらした。

韓国は一九九二年にベトナムと国交を正常化し、その結果学生や研究者などを含めた人的交流がはじまった。ク・スジョンは正常化の直後、一九九三年に歴史学を専攻する大学院生としてベトナムに渡った。そしてベトナム戦争中、ベトナムで韓国軍による大規模な戦争犯罪があったことをベトナム人たちから直接聞いてショックを受けた。事の重大さを理解したク・スジョンは一九九九年に『ハンギョレ21』に調査の結果を発表したのである。この記事が嚆矢となりその後もベトナムでの韓国兵の戦争犯罪についての記事が現れた。しかしこれまでに『ハンギョレ21』に書かれた記事はいまだに氷山の一角であり、今後も新しい情報が追加されるものと思われる。現在では日刊新聞である『ハンギョレ』も同じような記事を書いている。

いくら全体主義と軍国主義の韓国が「民主化」された「自由化」された、と言ってもこのようなジャーナリズムに反発する人たちがあるのも理解できる。二〇〇九年六月二八日付の『朝鮮日報』によれば、ベトナム戦争でアメリカ軍がさかんに投下した枯葉剤の後遺症に悩む韓国軍の退役軍人二〇〇〇人ほどがハンギョレ新聞社におしかけ、破壊行動をして抗議をした。このような出来事は残念ながら日常茶飯事のようにおこることを覚悟すべきであろう。

これまでに判明した韓国の戦争犯罪

「真実と和解の調査会」と『ハンギョレ21』が明らかにした韓国の戦争犯罪と見なされる事項として次の四つの項目が考えられる。それは(一)済州島四・三事件、(二)保導連盟事件、(三)ベトナム戦争、そして(四)ライダイハンである。

（一）済州島四・三事件

これは一九四八年四月三日に済州島で蜂起した島民を韓国軍、韓国警察、南朝鮮国防警備隊などが虐殺した事件である。現在の済州島は温暖な気候のため「韓国のハワイ」などとも呼ばれ、韓国人にとっては新婚旅行先の一つになっており、日本からの観光客にもおなじみである。しかし少なくともこれまでの時点ではこの島の暗い悲惨な歴史はあまり知られていない。

済州島には朝鮮半島本土とは異なる歴史がある。過去において済州島は権力闘争に敗れた者が罰として送られたり左遷される島であった。経済的にも貧しい島であったため、島民は朝鮮本土の人間から差別され軽蔑されていた。話す言葉も朝鮮本土とは異なる方言である。このような歴史的背景を考えると、中央の政権や権力に反発する意識が生まれるのも納得できる。

一九四五年九月二日に日本が降伏文書に署名し太平洋戦争が正式に終わったが、それからわずか八日後に朝鮮建国準備委員会が発足し、済州島に支部が設置された。これはその後済州島人民委員会と改名された。この時点では朝鮮半島の北半分はソ連軍が管理し、南半分はアメリカ軍が管理していたため、朝鮮半島全体を一つの国として独立させる運動が存在していた。事の始まりは一九四七年三月一日である。南北を統一した国を樹立しようとするデモが済州市であった。これに対し警察が発砲して六人の島民が死亡した。

これに怒った島民は三月一〇日に島全体でゼネストを決行した。事の重大さを理解した在朝鮮アメリカ陸軍司令部軍政庁は力によってこれを鎮圧することにし、西北青年団という名の団体の若者を本土から送りこみ、警察官も動員して暴力をもってストライキを中止させることをした。これに反発した南朝鮮労働党は一九四八年四月三日に主として島民からなる武装蜂起をして抵抗した。この時に二人の武装蜂起者と十二人の警察官と西北青年団団員が死亡した。この武装蜂起の日時である四月三日が済州島四・三事件として記録されているわけである。

済州島での政治的対立と武力紛争はさらに激化し拡大した。二〇〇〇年六月十九日付の『ニューズウイーク』によれば、鎮圧のために韓国本土から陸軍が送り込まれると、一部の部隊は政府の方針に反対し、麗水事件、順天事件とよばれる反乱がおきた。その結果韓国本土でも戦闘となった。済州島ではゲリラ戦になり、共産主義のゲリラは約四〇〇人ほどで旧式の銃と竹槍が武器であった。これに対処するため韓国軍は同調者と見なされた島民の拷問、強姦、処刑を始めた。

目撃者キム・ヤン・ハクの証言によれば、一九四八年十二月十四日の夜、兵士たちが現れ村民を一ヵ所に集合させた。約一五〇人ほどの若者を選び出し、浜へ連れて行き、四日後に処刑した。約二〇人ほどの美しい少女を選び出し、二週間にわたって輪姦しその後殺害した。キム家は殺害された息子の死体を浜で探し出し、殺された少女の一人と死後の結婚式を挙式をした。キム家と少女の家は二人の遺体を一緒に埋葬し二人の霊を慰めた。

約一年かけて韓国軍兵士は何百もの「赤い村」を焼き払った。約七〇パーセントの村が焼き払われたとも推定されている。拷問と強姦が続き、最終的には最高六万人の島民が虐殺されたとも推定され、これは当時の済州島島民の人口の二〇パーセントである。このような虐殺は驚くべきことに米軍も充分に承知しており、その残酷さも記録に残していたが阻止をすることはしなかった。

キム・ワン・マエという女性は自分の村で目撃したことを次のようにのべている。一九四九年のことである。韓国の警察と右翼の団体が村にやってきて左翼の同調者と見なされた者を野原に連行していった。約四八〇人の男女と子供が処刑された。警察と軍隊の関係者の家族は連行と処刑の対象にはならなかったので、彼女はそのような家族にまぎれこみ生き残った。しかし両親、夫、兄（または弟）は処刑された。彼女は処刑された母親の乳房を吸っている、まだ生きている乳児を見た、と言って涙を流した。

一九五〇年に朝鮮戦争が始まり、韓国の一部が北朝鮮の軍隊に占拠されると、済州島では一九五四年九月二一日までに三万人、そして一九五七年までに八万人の島民が虐殺されたとも言われている。二〇〇九年三月三日付の『ハンギョレ』によれば済州島内の刑務所でも一二〇〇人が虐殺された。済州島四・三事件直前の一九四八年には二八万とされた島の人口は一九五七年には三万人弱にまで減少したと推定されている。ただしこの差の二五万人すべてが虐殺されたわけではない。その一部は日本に逃れ大阪などに住みついたものと考えられている。

「真実と和解の調査会」を立ち上げたノ・ムヒョン大統領は二〇〇三年十月におこなわれた済州島民との懇談会で謝罪をした。そして二〇〇六年の犠牲者慰霊祭に出席し、大統領として島民に正式に謝罪をし、これらの虐殺の真相を解明することを誓った。

（二）保導連盟事件

朝鮮戦争は一九五〇年六月二五日に勃発したとされている。済州島四・三事件の内容からも理解できるように、韓国では共産主義を極度に嫌悪する軍国主義と全体主義の政治体制が圧倒的な支配をしていたため戦争勃発後直ちにこれに対処する手段が取られた。すでに朝鮮戦争勃発一年ほど前の一九四九年六月五日に「国民保導連盟」と呼ばれる団体が組織され、この団体の目的は韓国内の共産主義からの転向者とその家族を再教育することであった。共産主義を思想的に壊滅させる努力であったのである。しかし朝鮮戦争が始まると、これらの再教育中の人々、刑務所に入れられていた政治犯、国家にとって好ましくない民間人などが次々と虐殺された。

その数は確定できないが犠牲者の数が莫大であることは確かである。「真実と和解の調査会」

は子供を含めて少なくとも一〇万人の犠牲者があったことを確認している。別の団体である「朝鮮戦争前後民間人虐殺真相糾明と名誉回復のための汎国民委員会」は六〇万人から一二〇万人の犠牲者と推定していることが二〇〇一年六月二〇日付の『ハンギョレ』に記されている。この記事は犠牲者の遺族会が遺族の申告を基礎にした報告書についても述べており、それによると一一四万人となっている。残念ながらこのように犠牲者の数が膨大になると正確な数字を得ることはおそらく不可能であろう。

ここで最も憂うべき事実は、韓国人が同国人をこのように虐殺したこともさることながら、虐殺が行われていることを知っていたアメリカ軍が何もせずに放置していた事実である。これは二〇〇九年十一月十八日付の『ハンギョレ』も報告している。それどころか、二〇〇八年十二月六日のAP通信によれば、アメリカ軍の機密書類はアメリカ軍将校が虐殺に立ち会ったり虐殺を承認していたことを示している。二〇〇八年十一月五日付の『シドニー・モーニング・ヘラルド』によれば、連合軍最高司令部のマッカーサーにも報告されていたが阻止する努力などみられなかったと指摘されている。これは明らかにアメリカの犯した戦争犯罪でもあった。韓国としては長い間この虐殺は共産主義者によっておこなわれたものであったと主張していたが、それが真実ではなかったことが暴露されたのである。

大虐殺の詳細

他の多くの戦争勃発の場合と同様に、朝鮮戦争がどのようにしてどの国が最初に戦争を始めたのかは不明であり、韓国国内でもいまだに論争されている。しかし戦争が始まってしまったのは事実である。戦争開始から早い時点で北朝鮮の軍隊はソウルの近くまでおしよせてきた。この緊迫した情勢を重大視した韓国政府は、国内の共産主義者が北朝鮮軍に協力して韓国に共産主義の革命を立ち上げるのではないかと憂慮した。客観的に考えれば、韓国政府が即座に決断をする必要にせまられたのは理解できないでもない。しかしそれが悲劇的な大虐殺になってしまったのである。

二〇一〇年六月二五日付の『ハンギョレ』によれば朝鮮戦争が勃発してからわずか二日後の六月二七日にイ・スンマン大統領は保導連盟の参加者と南朝鮮労働党の関係者すべてを処刑せよという抜本的な命令を出した。これは明らかに「人道に対する罪」であり、イ・スンマン大統領はC級戦犯である。歴史に繰り返し繰り返し現れる独裁者の行動そのものである。イ・スンマン大統領自身はその日のうちにソウルを脱出し、身の安全を計った。二〇〇九年九月三日付の『ハンギョレ』によると、大統領の命令にしたがって大田刑務所に収容されていた保導連盟の人物、そして釜山、馬山、済州の刑務所などでも該当者が処刑された。処刑を実行したのは韓国軍と韓国警察であった。二〇〇四年四月二五日付の『中央日報』によれば普州刑務所での囚人は馬山の廃坑に連行され処刑された。

二〇〇七年十二月三日付の『ニューヨーク・タイムス』によれば清原郡での虐殺の場合、犠牲者は七〇〇〇人になると推定されている。これら以外の各地でも虐殺がおこなわれたことが知られており、一二二二件の虐殺があったことが確認されている。このうち二一五件は、生存者の証言によればアメリカ軍による空と地上からの攻撃によるもので、犠牲者は非武装の民間人であった。二〇〇一年になって、ペンタゴンは一九五〇年にノ・グン・リという村の近くで非武装の民間人を殺戮したことを認めた。しかしこれは混乱と恐れの状態で発生した出来事であったとしている。

二〇〇〇年四月二一日放送のBBCアジア・太平洋ニュースは韓国軍の退役海軍大将であるナム・サンフイの談話を伝えている。この中で彼は一九五〇年の七月始めに自分が承認した処刑事件があったことを述べている。それによると、二〇〇人を乗せた三隻の船がポハン港から出港し、沖合まで航海した。そこでこれらの人々は警察によって処刑され、遺体には石のおもりがつけられて海中に投棄された。彼自身はこれについて次のように説明している。「彼らを裁判にかけている時間などなかった。共産主義者たちが接近していたのだ。裁判なしに処刑し死体を廃棄してしまうのは当時あたりまえのことだった」。

その虐殺ぶりもナチスのやりかたに比較できる場合さえあった。上記の二〇〇七年十二月三日付の『ニューヨーク・タイムス』の報告によれば、韓国陸軍第十一師団は無実の村民を集合させ、機関銃で一斉に攻撃し、その後「生存者は立ち上がれ、もう家に帰ってよい」と命令した。これに応じて立ち上がった村民は新たに銃撃されて死亡したとのことである。そして済州島四・三事件の場合同様、アメリカ側も虐殺について知っていたとされている。

このような虐殺を実行した関係者の一人、キム・マンシクは「真実と和解の調査会」の要請に応じて証言をしている。彼はその時軍事警察の巡査部長でこの『ニューヨーク・タイムス』の記事の中で次のように述べている。「犠牲者たちはすべて軍の通信用ワイヤで数珠つなぎにされていた。射撃されると彼らは逃れようとしてお互いに引っ張り合いとなり、ワイヤは手首に食い込み、血が流れ、着ていた白衣が広い範囲で赤くなった」。

証言によると、しばしば実行された処刑方法は後ろ手に縛られた被害者を前もって掘られてある長い溝のふちに座らせ、後頭部から撃ち、その後犠牲者の体を溝に押しやることであった。このような犠牲者が埋蔵されていると思われる現場の発掘もおこなわれており、証言を裏づける形で埋められた遺体が発見されている。一箇所で発見される遺体も一一〇体とか四〇〇体などの数字であり、「真実と和解の調査会」の証言者になったパク・ジョンギルによれば七〇〇〇人もの人たちがこのような形で犠牲になったものと思われる、としている。彼自身もある処刑場所の間接的な目撃者で、「七日か八日間の毎日、朝四台のトラック、午後三台のトラックが人を満載して通過していった」と述べている。

これらの悲劇はここで終わりではない。北朝鮮軍がソウルを支配すると、保導連盟の人物は共産主義を捨てて敵側に移った裏切り者と見なされ、粛清された。そしてアメリカ軍と韓国軍がソウルを奪還すると、今度は北朝鮮軍に協力したと見なされた人たちが虐殺された。人間という名の動物の醜さと残酷さを極度に示した悲劇の連続である。政治思想の問題などすべて抜きにして、「右翼」の人間も「左翼」の人間も、人種、民族、国籍などに一切関係なしに、この朝鮮半島での悲劇を知っておく必要がある。このような歴史的事実を考えると、朝鮮半島から多くの人たちが日本へ密航し住み着いたのも充分理解できる。

(三) ベトナム戦争

ベトナム戦争は一九五四年に勃発し一九七五年に終戦となった。この戦争によって国の森林の半分が焼け、農耕地の二割が破壊された。この甚大な被害は北と南の二つのベトナム軍だけによるものではなく、そのほとんどは外部からの軍事力、特にアメリカと韓国の軍隊によるものである。

韓国は一九六四年九月にベトナムに介入を始めた。最初は医療支援団とかテコンドの教官などといった一見非軍事的に見える人材を二七〇人ほど送り込んでいたが、これはその後直ちに姿形を変え始めた。そして一九六四年から一九七三年までの間、猛虎、白馬、青龍などといった名前のついた約三二万名もの戦闘部隊が投入された。これはアメリカ軍の戦闘部隊に次ぐ数字である。

軍事大国でもない韓国が、そして貧しかった当時の韓国が、なぜこれだけの戦闘部隊を遠くはなれたベトナムに送り込んだのであろうか。経済学者のパク・クノによれば、これには表向きの理由と本音の理由があったためである。表向きには、朝鮮戦争でアメリカが韓国を助けてくれたのでそのご恩返しの意味でアメリカのベトナム戦争を助けるということであった。しかしその裏にそれよりもはるかに現実的な思惑があった。それはベトナム戦争に積極的に参加して金儲けをすることである。そしてこの考えは韓国だけではなく、アメリカでも意識されていた。

一九六一年のクーデターによって国家再建最高会議の議長となったパク・チョンヒはアメリカでケネディ大統領と会談し、ベトナムに韓国軍を派遣することを打診した。しかしその直後ケネディ大統領は暗殺され、次の大統領ジョンソンの政権の時になって最初の韓国人たちが派遣された。パク・チョンヒの考えの基礎にあったものは日本の経済成長の教訓である。日本は朝鮮戦争の特需で甘い汁を吸い経済成長をとげた、韓国はそれをまねしてベトナム戦争での特需の受注に積極的に加わり、日本のように飛躍的な経済成長をとげるのだ、という考えである。ベトナムに派遣された韓国兵の給与はアメリカ側が支払い、それは通常の韓国兵が受け取る給与の約二倍であった。

韓国の国情を知っていた在韓アメリカ大使のブラウンも、韓国がベトナム戦争に参戦することが経済成長に大いに役立つことを指摘している。事実この考え方は歴史をふりかえって見ると正しく、前述のパク・クノの研究によればベトナム戦争が韓国の経済成長に大いに役立ったことを各種の統計的数字が示している。そして現在では世界的な規模にまでなった韓国の大財閥の基礎もこれによって築かれたとされている。

日本では朝鮮戦争が勃発した折、時の総理大臣吉田茂がこれを「天の助け」と描写したという、嘘か本当かよくわからない伝説がある。戦争によって多くの人たちが被害を受け、悩み苦しみ、殺害されることによって金儲けをして喜ぶのはあきらかに非倫理的、非人道的であるが人間の醜い一面を示す現実と言える。

ベトナム戦争での韓国の戦争犯罪

しかしベトナム戦争の現実にはこれ以上の醜さがあった。それは韓国軍によるベトナム民間人の組織的な虐殺である。この事実を公にしたのは主として『ハンギョレ21』の記事である。今ではベトナム各地で多くのベトナム民間人が韓国兵によって虐殺されたという情報を疑う余地はない。しかし現在のところ判明している虐殺事件はごく限られている。したがって今後調査が進むにつれて虐殺の場所や犠牲者の数は飛躍的に増加する可能性がある。現在の時点では韓国軍によって虐殺されたベトナム人犠牲者の総数は不明である。ク・スジョンは一九九九年五月六日の『ハンギョレ21』(二五六号)の記事の中で韓国軍に殺されたベトナム人の数は公式統計だけでも四万一四五〇人であると述べている。作家のキム・ワンソプは三〇万以上という推測までしているが資料を引用していないので信憑性がない。これまでに判明している虐殺事件には次のようなものがある。

クイニョン市とその周辺での虐殺。以下は一九九九年五月六日の『ハンギョレ21』(二五六号)からの引用である。一九六五年十二月二二日に韓国軍作戦兵力二個大隊がクイニョン市に五〇〇発あまりの大砲を撃ち込んだ。それが終了すると韓国軍は十二歳以下の子供二二人、二二人の女性、三名の妊産婦、七〇歳以上の老人六名を含む、合計五〇人以上の民間人を虐殺した。この韓国軍の行動の背景にあったのは「きれいに殺して、きれいに燃やして、きれいに破壊する」というスローガンなのであった。韓国軍の虐殺方法はあまりにも残酷であったため、南ベトナム民族解放戦線(NLF)はできるだけ直接の交戦をしないようにしていたという話ができあがったほどであった。

これは次のような描写で裏づけることができる。ある幼児は軍靴で踏み潰された。妊娠八ヵ月の女性は銃弾が貫通して死亡し、子宮が外に出ていた。一歳になる子供を背負っていた少女が射殺され、子供の頭は切り取られて地面に放り投げられた。二歳の子供は首が折られて殺された。別の子供は樹木に投げつけられて殺され、遺体は焚き火の上にのせられた。

当時の報告によれば、この地域で一九六六年一月二三日から二月二六日までの約一ヵ月間に、一二〇〇人の住民が虐殺され、一五三五軒の住宅が焼き払われ、八五〇万トンに達する食料が焼き払われ、六四九頭の水牛が射殺されたり焼き殺された。これが韓国軍が「きれいに殺して……」云々のスローガンを実行した結果なのである。

韓国軍がこのスローガンにしたがって行動すれば、当然の結果としてある均一化された残虐行為を認めることができる。『ハンギョレ21』は次の五種類の行為を指摘している。

住民たち（大部分が女性、老人、子供）を一ヵ所に集合させる。またはいくつかのグループにまとめる。その後機関銃を乱射して殺す。

住民たちを一軒の家に追い詰め、銃を乱射する。その後建物に火をつけ、生存者も死亡者もすべて焼いてしまう。

子供の頭を割ったり、首をはねたり、脚を切ったり四肢を切断する。その後それを火の中にほうり込む。
女性を強姦した後殺害する。妊婦の場合には腹が破れて胎児が出てくるまで軍靴で踏み潰す。
住民たちを村のトンネルに追い詰める。その後毒ガスを放射して殺す。

『ハンギョレ21』は、このように虐殺された死体を調べると、子供たちの口にはキャンディやケーキ、老人たちの口にはタバコが認められたことが多かったとし、これは村人を一ヵ所に集めるためのおとりの手段であったのであろうと推測している。

タイヴィンの虐殺。この情報も『ハンギョレ21』から得られたもので一九九九年九月二日発行の二七三号にもとづく。一九六六年一月二三日から二月二六日にかけて、タイヴィン村の十五の集落で一二〇〇人の村民が虐殺された。一九九九年の時点でタイヴィン村の首席助役になっていたグエン・タン・ランは、『ハンギョレ21』の記者のインタビューに対し、三三年前の二月十五日におこった虐殺について自ら体験したことを次のように述べている。

午前二時にタイヴィン村で最初の射撃音が聞こえた。彼は母と妹と共に直ちに自宅からの地下のトンネルに逃げ込んでかくれた。十時になると、銃撃音は激しくなり、お昼ごろには大砲の音が近くから聞こえていた。母は、今日中にこの村に来ると思う、と言った。そこで韓国兵が村に到着する前に昼食をとることにし、トンネルを出てきた。すると大砲からの硝煙と焼かれた家屋からの煙で周囲はよく見えなかった。韓国兵が一家を逮捕し、レカンの田圃に連行した。

田圃には沢山の人々がいた。韓国兵は、地面に腹ばいになり顔も地面につけるように命じた。三時ごろになると、韓国兵たちはライフル銃を撃ち手榴弾を投げ始めた。彼は立ち上がり三、四歩移動して手榴弾を避けた。しかし妹は即死し、母は両足を失った。彼は一時的に無意識になった。意識を回復した後、囲いに沿って這った。トンネルの入り口が見つかったのでその中に入って身を隠した。

タイヴィン村での犠牲者の数は行方不明者を含め一二〇〇人になると推定されている。このうち七二八人は遺体が確定され確認された。この中には子供が一六六人、女性が二三一人、六〇歳から七〇歳の老人が八八人含まれている。一家すべてが虐殺された例が八件あった。

パンランのリンソン寺での虐殺。一九九九年五月六日発行『ハンギョレ21』(二五六号)は一九六九年十月十四日にパンランというベトナム南部の小さな町にあるリンソン寺での虐殺について述べている。ベトナム側の記録によれば、韓国軍兵士一人がリンソン寺でベトナム女性にいやがらせをしたため僧に注意された。これに怒ったこの兵士が同僚と共に寺で銃を乱射した。その結果七一歳の住職、六九歳の僧、四一歳の尼僧、十五歳の修行僧、そして詳細不明の僧一名、合計五人が死亡した。兵士たちは遺体に火をつけた。この事件が公になるとバンラン地域の全域の学校が休学を決議し、学生と仏教徒たちが一斉に蜂起した。これ以上の情報は現在のところ残念ながら入手できない。

ゴダイの虐殺。これは一九六六年二月二六日に韓国の猛虎部隊がビンアン村の一部であるゴダイ（またはゴザイ）と呼ばれる集落で三八〇人を虐殺した事件で、この情報は一九九九年九月二日の『ハンギョレ21』（二七三号）の記事にもとづく。一時間のうちに集落の人たちはすべて殺され、生存者は一人もなかった。この事件を歴史として残すために現在ここにはゴダイ記念塔がある。

アンカン村の虐殺。これもゴダイの虐殺と同じ情報源にもとづく。ゴダイの近くにアンカン村があり、ここでも虐殺がおこなわれた。日時については情報がないが、ゴダイから車で十分ほどの距離であるのでゴダイで虐殺がされた時とほぼ同時と推測される。いずれにしても一九六六年のことである。ゴダイからコン河を渡ってアンカン村に到着するが、ここに韓国猛虎隊がやってきたのである。

ここでの虐殺で生き残ったパン・タイ・ヴィは次のように語っている。韓国兵がやってくるのが見えたので地下のトンネルに隠れた。韓国兵たちはトンネルの中に催涙弾を投げ入れた。これに耐えられずにトンネルから這い出すと韓国兵たちに射殺された。トンネルの中には十三人が避難していたがパン・タイ・ヴィと娘のレ・タイ・ジュアンだけが生き残った。パン・タイ・ヴィは孫娘と孫息子を殺され、母親は別のトンネルで殺された。

フォンニィ・フォンニャットの虐殺。この虐殺についての情報は二〇〇〇年十一月十五日付の『ハンギョレ』の記事にもとづいている。一九六八年二月十二日にフォンニ・フォンニャット村で韓国の青龍師団によって六九から七九人の村民が虐殺された。虐殺方法は銃殺と刺殺でその後現場は焼却された。これは同日ここに到着した四人のアメリカ海兵隊員と二六人の南ベトナム軍の兵士によって発見された。虐殺をまぬかれた生存者は手当てを受け、病院に送られた。この現場はアメリカ海兵隊員のJ・ボーン伍長によって撮影されている。

この虐殺が直後にアメリカ軍上部に報告されたため、アメリカ陸軍参謀総長のウイリアム・ウエストモーランド大将は韓国軍に事件を調査しその結果を報告することを要求した。これに対し、韓国側は韓国軍による虐殺ではないと否定し、これはベトコンが韓国軍の軍服を着ておこなった行為であると主張し続けた。この回答に疑問をいだいたアメリカ軍は独自の調査をおこなうことにし、一九七〇年一月十日に監察官ロバート・モレヘッド・コック大佐による調査結果が発表された。この報告書の結論は明白で、これは韓国海兵隊による虐殺であったという内容であった。この事件以前にも韓国軍は数回にわたって自らの虐殺行為を共産主義者の仕業と主張しており、これもその一例であったことが暴露されたのである。

ハミの虐殺。この事件は一九六八年二月二五日にハミ村でおこった。犯行はフォンニィ・フォンニャットの虐殺と同様に青龍師団によるものであった。ハミ村の村民が広場に集合させられ、銃撃されたり手榴弾をなげられたりして一三五人が虐殺された。犠牲者は女性、老人、子供であった。この情報は二〇〇六年にカリフォルニア大学出版局から発行されたヘオニク・クオンのハミとミライの虐殺についての著書からの引用である。

ミライの虐殺はベトナムでアメリカ軍のおこした事件で五〇四人の非武装の民間人が被害者であった。ウイリアム・キャリー中尉が責任を問われて終身刑の判決を受けた。しかし実際には三年半自宅監禁の刑であった。C級の戦争犯罪人に対する罰としてこれでは充分ではないのは明らかであるが何もしないで無視する韓国よりはましだ、と言うべきなのかもしれない。

アンリン郡の虐殺。『ニューズウイーク日本語版』の二〇〇〇年四月十二日号にはロン・モローという記者が書いた「私の村は地獄になった」と題された記事がある。それによると韓国軍の戦略としてベトナム中部のビンディン、クアンガイ、フーイェンの三省から農民を強制的に退去させ南ベトナム政権の沿岸部に移住させることをした。その目的はこれら三省の人口を減らすことによって共産ゲリラであるベトコンの勢力拡大を阻止することであった。しかし農民は先祖代々の土地を捨てて移住することに反対した。

現地のベトナム自治体当局者によれば、この反対に業を煮やした韓国軍は住民たちの組織的な虐殺を始めた。生存者の話によれば虐殺は理由のない無差別の殺人で、犠牲者の多くは老人、女性、子供であった。虐殺のやり方はすでに述べられた方法と同様でこれ以上繰り返す必要はない。このような残虐な扱いを受けたため、多くのベトナム人がベトコンに参加したとのことである。

これら数多くの悲惨な被害を受けているベトナムはなぜ声を大にして韓国の戦争犯罪を世界に訴え、世界の世論の支持を受けようとしないのであろうか。この記事を書いたロン・モローによれば、ベトナムは韓国と良好な関係にあり、それを悪化したくないため、そしてヒュンダイ、ダェウー、サムスンなどの韓国財閥を怒らせてはいけないためであると推測している。つまりベトナムは事大主義の外交政策を選んでいるのである。

しかしベトナムの代わりに他の国、例えば日本が、そして日本のジャーナリズムが韓国の戦争犯罪を世界に知らせる倫理的・道徳的義務があるのではなかろうか。この場合、客観的に考えてみると、この事大主義にもとづく韓国とベトナムの関係はアメリカと日本の関係によく似ている。なぜなら二一世紀の現在でさえ、日本では原子爆弾の投下はABC三種類の戦争犯罪すべてに該当するものでありハーグ条約第四条にも違反している、などと発言してはいけない風潮が明確に存在するからである。勇気をもってこのような発言をする人々はアメリカはもちろん、世界各国に多く存在する。日本の腰抜け「インテリ」や腰抜け「知識人」は目をさましていただきたい。

ベトナムでの戦争犯罪に対する責任者の反応

軍国主義にもとづいた全体主義に徹底的に支配されていた過去に比べると、現在の韓国にはある程度の言論の自由、発言の自由は存在する。自らの過去の歴史に直面する態度も現れてきている。「真実と和解の調査会」や『ハンギョレ21』はよい例である。次第に報告されつつある韓国軍によるベトナムでの戦争犯罪に対し、当時の責任者はどのように反応しているのであろうか。

二〇〇〇年四月九日付の『ニューズウイーク』誌は一九六五年から一九六九年までベトナムにおける韓国軍で最高の地位を占めていた退役将軍チャエ・ミュン・シンとのインタビューを掲載している。彼は韓国軍の大量虐殺というのは共産主義者の宣伝であるとしている。そしてベトナム民間人に犠牲者があったことは認めたものの、あれは戦争であったので誰にも補償などする必要などない、としている。そして共産主義者たちはもっと大規模な大量虐殺をしたのだと追加している。

ほぼ同じ時点、二〇〇〇年四月二七日には『ハンギョレ21』(三〇五号)が韓国軍予備役大佐キム・ギテとのインタビュー記事を掲載している。詳細不明のためこの章では言及することができない「プクビン村の虐殺」について、キムは犠牲者のほとんどが女性と子供で罪悪感がつのると述べている。この村での強姦については初めて聞いたという反応を示した。無防備であったベトナム青年たちを爆弾で処刑した件に関しては謝罪する気持ちはないと答えた。

韓国軍が犠牲者の耳や鼻を切り取ったという疑惑に対し、そのような事実はあったと認めている。自ら目撃した事実としてキムは中隊の中の一名は犠牲者の目玉を取り出してアルコール漬けにし、他の一名は片方の耳だけを切り取って集め、針金に通してまとめていた、記念として韓国まで持ち帰るのだと言った、と証言している。

戦争がすんだ現在の時点で罪悪感を持っているかとの問いにたいし、キムは自分は殺人教唆者であり殺人執行官であった、あまりにも多くの人を殺した、罪人であったという気がする、と答えている。そしてベトナム戦争がふたたび勃発したら参戦反対を叫ぶ、と述べている。

ベトナム戦争の後になってどのような発言をしているかに関係なく、極東国際軍事裁判と同じ基準と議論を用いれば、この二人は明らかにＢＣ級戦犯であり有罪である。

(四) ライダイハン

韓国が積極的にベトナム戦争に参戦した結果、これにともなってライダイハンの問題が発生した。これはベトナムでの韓国兵がベトナム女性に対して犯した強姦その他の性的関係により生まれた子供たちのことである。ベトナム戦争終了後、一九九二年に韓国とベトナムとの間で始まった経済交流の結果、韓国兵ではなく韓国民間人とベトナム女性との間で同様な事情で生まれた子供たちは「新ライダイハン」と呼ばれている。

問題の性質上、ライダイハンの数は確定できない。二〇〇四年九月十八日付の『釜山日報』によれば最大三万人と推定されている。すべてのライダイハンの子供たちが強姦の結果生まれたものではないことも考えられるので、強姦の結果のライダイハンの正確な数を知ることは不可能であろう。その反面、韓国軍兵士たちは当然の権利のようにベトナム女性を強姦し、多くの場合その後虐殺をしていたのは疑いのない事実である。したがってライダイハンも韓国の戦争犯罪の中に含めて考察されるべきである。

国際軍事裁判の基準と韓国の戦争犯罪

第五章で述べられたように、国際軍事裁判に関しては二つの国際法的な取り決めがあり、ナチス・ドイツを対象にして作成された国際軍事裁判所条例と日本を対象にして作成された極東国際軍事裁判所条例が存在する。どちらも韓国が独立した時点以前に発効したものである。したがってこのいずれを韓国の戦争犯罪を考察するのに取り上げても、東京裁判とは異なり事後法の問題はない。世界の戦争犯罪を公平に追及するのであれば、韓国をこの観点から検討するのは正当であり適切である。

ニュールンベルグと東京で取り上げられたABCの三種類の戦争犯罪は平和に対する罪、戦争犯罪、そして人道に対する罪である。東京裁判では平和に対する罪は主として日本が先制攻撃をして真珠湾攻撃をしたとしてその責任者と見なされた被告が裁判にかけられた。これに対し日本側は、先制攻撃をしたのはアメリカであったとし、アメリカ人弁護人を含め、ケロッグ・ブリアン条約で認められている自衛権の行動であったとした。

韓国の場合を考えてみると、ベトナムが韓国を侵略しようとしたわけではなく、そのようなことは実証できない。したがってこれは明らかに韓国が犯したA級の「平和に対する罪」である。伝統的な意味でのB級の「戦争犯罪」に関してもやはり答えは明確である。韓国はあきらかにベトナムで「戦争犯罪」を犯している。C級の「人道に対する罪」も同様に明白である。韓国はあきらかにこの罪を犯している。韓国がこのABCという三種類の戦争犯罪を犯した事実に関してはまったく議論の余地はない。

韓国が韓国人を大量に虐殺した済州島四・三事件と保導連盟事件はどのように解釈されるべきであろうか。ここで「人道に対する罪」の正式の定義をもう一度読んでいただきたい。この罪は次のように定義されている。

すなわち戦前もしくは戦時中にすべての一般人民に対して行われた殺人、殲滅、奴隷化、追放およびその他の非人道的行為または犯行地の国内法の違反であると否とを問わず、本裁判所の管轄に属する犯罪の遂行として、もしくはこれに関連して行われた政治的、人種的もしくは宗教的迫害。

これは国際軍事裁判所条例であるが、極東国際軍事裁判所条例との唯一の違いは後者には「宗教的迫害」の表現がない。ユダヤ人の大量虐殺を考慮していた前者であるのでこの表現が後者から削除されているのも理解できる。いずれにしてもこの定義を繰り返し読んでみると、この罪が済州島四・三事件と保導連盟事件に該当することは明らかである。そして保導連盟の参加者と南朝鮮労働党関係者の処刑を命じたイ・スンマン大統領がC級の戦争犯罪人になることも明白である。ここにもまったく議論の余地はない。東京裁判で検察側が主張したのと同じ議論と考え方を用いればこの大統領が死刑にされるべきだったのもやはり明白である。

精神分析から考察できる仮説

この章の最後に筆者が考えているある仮説を述べてみたい。精神分析の考え方によれば、人間には防衛機制という心理的メカニズムがあるとする。不快なことや自分に不利な知識や情報に直面した場合、それを心理的にあれこれと操作をして問題を無視したりその意識を軽減したりする意識的な努力をする。その一つがここに関連しているのではないかという仮説である。

それは投影というメカニズムである（投射とも呼ばれる）。このメカニズムによって自らの問題を他人の問題にしてしまう。この方法を用いると少なくとも自らの問題を軽減することができ、場合によってはその投影された対象の人間を積極的に攻撃し非難することによって、更に効果的に自分の立場を有利にできる。

筆者の仮説とは、この投影というメカニズムが現在の韓国人の意識の中にあるのではないかという考えである。具体的に説明すると、韓国人がこの章で述べたような戦争犯罪を犯したという知識を得ると、ほとんどの韓国人にとってはそれは苦痛であり不快であろう。罪悪感にさいなむ韓国人もあるかもしれない。この心理的苦痛を軽減するには投影をすることが対処方法の一つである。

つまり自分たちの戦争犯罪を他の人たち、通常は日本人、に投影し日本人を非難し攻撃することによって自分たちの罪悪感を軽減するという試みである。筆者の印象では二つの現象、つまり（一）二〇〇五年にノ・ムヒョン大統領が始めた韓国の過去を知ろうとする積極的な努力と『ハンギョレ21』の記事、そして（二）近年特に攻撃的になった韓国人の日本の非難、例えば慰安婦の像の設置やサッカー場でのプラカードや大幕の展示などをする行動、という二種類の現象には相関関係か因果関係があるように思われる。

この心理的メカニズムは同時に韓国自らの戦争犯罪を直視せず、沈黙したり無視したりする結果にもなる。それによって投影がより効果的になるからである。十一人目のパク・クネ大統領が二〇一三年九月にベトナムを公式訪問した折に、ベトナム側と話し合った話題は経済協力のみでベトナムで犯した韓国の戦争犯罪には一切ふれず、当然ながら謝罪もしなかった。『ハンギョレ』は十日の社説でこのパク・クネ大統領の態度をとりあげ、韓国が日本に対して「歴史直視」を要求していることと矛盾している、と批判している。『ハンギョレ』には韓国の良心の一部が感じられる。

そして韓国人が日本を非難するときに好んで用いる「歴史の過去」とか「正しい歴史認識」という表現は、実際には韓国人自身の問題に言及しているとも考えられる。これは純然たる学術的な観点から大いに興味ある点である。繰りかえすがこれは単なる仮説であり仮説は事実でも真実でもない。しかしこれは実証的に研究する価値があると思われる。

第七章　日本占領と東京裁判の情報論的考察

　東京裁判と呼ばれた歴史上の出来事はいろいろな観点から考察できる。これまで最も一般的に見られた考察は国際法的、思想的、または政治的な観点からそのいきさつ、経過、そして結果を善悪または正不正の価値観を表に出して評価することである。この章と次の章ではそのような問題には原則として触れずに東京裁判なるものをいろいろな学問的研究分野の考えを参考にし、単に学術的に考察する。その意味では以下二章の内容はより客観的で人間というものをよりよく理解する試みとしたい。

唯名論的な仮定

東京裁判は戦勝国となった連合国の集団が敗戦国となった日本を裁いたもののように見受けられる。しかしよく考えてみると、国なるものは単なる抽象的な概念で国を見たり触ったりすることはできない。もちろん国土というものはあり、国境というものもある。観光客として外国に行き、観光名所を見て楽しむことはできる。

しかしそれは国そのものではない。我々は日常生活であたかも国が戦争を始めたり国が勝ったり負けたりするように考えてしまう。しかし厳密に表現すれば戦争は国と国の争いではなく、ある国に所属する人間たちが別の国に所属する別の種類の人間たちと争うことである。このように唯名論的に考えてみると、戦争は、そしてその結果おこった戦争裁判は、すべて一人の個人、数人の人間、またはその集合体が行う行動である。筆者はこの考えを本章の出発点とする。

この観点からすると、戦争、戦争犯罪、戦争裁判はすべて個人の人間を理解することから始まる。超心理的な問題を除外すれば個人には一つの脳があり、そこに意識や無意識がある。この条件にもとづいて個人が考え、行動する。しかし各個人はそれぞれ特異な物理的・社会的環境にありこれはすべての人に同じではないのは明白である。それどころかある特定の人間の環境とまったく同じ環境に囲まれている人はいない。一卵性双生児の場合でさえ環境は完全に同一ではない。
それぞれ独自の環境に囲まれている各個人は、その環境から独自の経験と知識を得る可能性を持っている。しかし現実にはこの可能性がその個人の経験と知識になるとは限らない。個人は環境に対し心理的に反応し、そこには個人差がある。ここで心理的な個人差とは主として感覚の鋭さ、先天的な知能の差、そしてそれまでに蓄積された知識にもとづいて環境から入ってくる情報を受け入れるか拒否するか判断してしまう条件を指す。これは心理的な個人差と呼ぶことができる。

このほかにも文化的な個人差がある。極度に単純な社会、たとえば狩猟採取の社会ではこの要素はそれほど問題にならないが、大規模な戦争をするような社会の場合には国の中の文化的な違いが個人差に反映されてくる。これは職業的、民族・人種的、宗教的、または性差にもとづく独自の文化が形成されている場合に見られる。これは社会学で下位文化、部分文化、またはサブカルチャーなどと呼ばれるものである。二人の人間が極度に類似した環境におかれても、その二人が異なった下位文化の影響を受けていればその環境を感知し解釈し、その経験を知識として蓄積する結果が異なってくる可能性がある。

情報論からの考察

個人が常に直面している環境は野原や森林のような自然環境の場合もあるが、複雑な近代国家の場合には環境は人工的、社会的、文化的である場合が圧倒的であろう。これは現在の複雑な都会に住んでいる人間一人を取り上げてみればよく理解できる。そしてよく考えてみるとこのような環境に囲まれて生きている一個人が直接体験し得られる知識というものは極度に限られている。極端に言えばゼロに等しいとさえ言える。社会、国、世界では絶えず天文学的な数の事件、現象、変化がおこっている。当然ながら一個人はこれらの出来事すべてを直接体験し理解することは不可能である。

したがって我々は他の人間から二次的、場合によっては三次的、四次的に社会、国、世界について知る。それは口から口への情報の場合もあろうし、知り得た情報は真実ではなく単なるデマであるかもしれない。そしておそらく我々の情報源は圧倒的に新聞、ラジオ、テレビなどのマス・メディアであろう。現在ではいわゆるソーシアル・メディアやインターネットも有力な情報源になっている。

我々はこのようにして得られた情報を批判的に検討し、評価し、その結果信頼できるものであるかどうか判断することが望ましい。信頼できる情報と判断すればそれをそのまま自らの知識とし将来自らの判断と行動のための材料としている。しかしあまりにも多くの場合、我々はこのように批判的に評価することをせず、二次的、三次的、四次的に得られた情報を信用しそれを自分の知識としてしまう。これは大変危険な可能性を秘めている。

情報源と情報取得方法の完全支配

東京裁判がおこなわれていた占領下の日本でこの問題がどうであったか具体的に考察してみたい。マッカーサーが支配する進駐軍は一般日本人に関してはどこからの情報か、誰からの情報か、その内容は何か、という情報源についての支配、そしてもしある情報が一般国民に伝達されてもよいと判断された場合、それをどのように実現するかについて支配していた。つまり情報源から情報を求める可能性、そして伝達されてもよい情報を知る可能性のどちらも支配していた。これは進駐軍としてはほぼ完全な情報支配である。

占領が始まってごく初期の段階ではＮＨＫの海外放送は進駐軍の兵士による犯罪は放送されていた。しかしこれを知った進駐軍は直ちに進駐軍についての好ましくない放送を禁止した。当時の日本ではテレビも民間放送もなく、存在していたのはＮＨＫのＡＭ放送だけでこれは完全に進駐軍の管轄機関である民間情報教育局（ＣＩＥ）に支配されていた。放送してもよい番組、放送してはならない番組、の分類が存在していたのは理解できるが、そのほかに放送しなければならない番組もあった。

その典型的な例は『真相はこうだ』という番組でこの目的は太平洋戦争中の日本軍は何をしていたかという批判的なものであった。娯楽の乏しい当時の日本で人気のあった番組の一つは『二十の扉』と題されたものでこれはアメリカの『二十の質問』と呼ばれた番組をほぼそっくり真似したものであった。ワシントン駐在のＮＨＫの坂井米夫特派員の報告からなる『アメリカ便り』という番組は原則としてアメリカのよい点、すばらしい点を日本の大衆に伝えるものであった。放送のほかに新聞や雑誌も検閲されていた。

このように数限られたマス・メディアが効果的に支配され検閲されていては一般大衆にはそれ以外に情報を得る方法はなかった。週刊誌などというものは事実上存在せず、進駐軍についてのゴシップ、スキャンダル、裏話などを知る由もなかった。個人の私的な書簡も開封され読まれていたため私的な手紙でも問題になりそうなことは書けなかった。残るのは口から口への噂話やデマで、筆者が個人的に聞いた例を二つあげる。その一つは「マッカーサーには日本人の血が入っている」というもので、もう一つは進駐軍兵士の犯した殺人事件である。

進駐軍の兵士たちはジープと呼ばれる四人乗りの小型の幌つきの車で日本国内を動き回ってい

て、これを見ていた日本人たちはアメリカの豊かさと効果的な機動性に感心していた。噂またはデマとは次のようなものである。ある時日本人の少年がそのようなジープに向かって投石をした。これに怒ったアメリカ兵たちはただちにその少年を捕らえ、道路に寝かせ、その少年の上を猛スピードで走り轢き殺したというものである。これが事実だったのかそれとも悪意のある嘘であったのか筆者はまったく判断できない。事実であったとしても日本のマス・メディアはこのような事件を報告することを禁じられていたため一般大衆には知らされなかったわけである。

進駐軍の占領政策にしたがった日本のマス・メディアと並行してＣＩＥはアメリカについての映画を学校その他の場所で見せた。その内容は毎回同じようなもので、アメリカがいかに豊かな国であるか、民主主義とはいかにすばらしいものであるか、アメリカ人はどれだけ自由を享受しているか、などというメッセージを含んだものであった。筆者の通った学校では「視聴覚教育」として扱われ、これは授業の一部であったので見るか見ないかの選択の自由はなく、見ることを強制された。これだけ徹底した情報管理をすれば日本人の思想改革が失敗するわけがない。そして実際にそのとおりになったのであった。

映画『青い山脈』について

映画も検閲されていた。ということはアメリカに批判的な映画は製作も公開も許可されず、その反対にアメリカを賛美する映画、アメリカを軍国主義の日本から一般日本人を解放したありがたい国と描く作品は許可された。その中で特に興味のあるのは一九四九年に公開された『青い山脈』と題される前編・後編の二作よりなる映画である。これは石坂洋次郎原作の小説を映画化したもので作品としてはよくできている楽しい娯楽映画である。

この映画としての成功もさることながら、映画の主題歌であった『青い山脈』と『恋のアマリリス』という二つの曲も大流行し、映画も主題歌も文字どおり一世を風靡したのであった。この作品の大成功のおかげで『青い山脈』という題名の映画はその後現在に至るまでなんと四回も異なった監督のもとに製作されている。しかしこの最初の映画を詳しく眺めてみると、これが進駐軍の占領政策にそっくり従ったものであることがわかる。

あらすじは次のようなものである。東北の田舎町の女学校に東京で教育を受けた島崎という女性の英語の先生が赴任する。彼女はこの古い「封建的」な町で女学校を事実上支配する権力者、古い日本を象徴する芸者梅太郎、古い価値観を持っていた沼田校医などと出会いこれを改革する決意をする。沼田が「封建的」な発言をすると島崎は沼田を平手打ちにし、沼田に思想改革をさせる。

その後島崎と沼田が結婚について話すまでの仲になると島崎は「夫は自分の妻に対して爆弾をかかえているように始終細かい心遣いをして欲しいと思います」と発言する。沼田は「するとあなたは原子爆弾ですな」と言う。島崎の「爆弾」という発言を聞いて沼田はただちに平手打ちにされたことを思い出し、「原子爆弾」まで連想したのである。沼田に惚れ込んでいた梅太郎は沼田をあきらめ、女学校の理事会の席上での投票で島崎を支持することを公に口頭で伝える。

筆者の印象ではこの一見他愛のない娯楽映画は実はアメリカの占領政策を映画を見る日本の大衆に効果的に伝えている。島崎は新しい価値観、つまりアメリカの考えを持って古い田舎町、つまりそれまでの日本にやってくる。沼田が古い考えを表明するとこれを平手打ちにして、つまり暴力をもってまで思想改革をさせる。沼田は島崎を原子爆弾に例える。結局沼田は島崎の考え方に同意するようになり、島崎が古い考えの女学校を改革するのに協力し、映画の終わりでは二人は婚約する。そして古い日本を象徴する梅太郎は手を引くという筋書きである。

ここでは島崎がアメリカ、沼田が改革されアメリカに承認された新しい日本、梅太郎は古いままの日本として姿を消していく、という解釈ができる。島崎の結婚に関する発言は、占領された日本はアメリカの言うことに注意深く耳を傾け、アメリカの言うとおりになれ、言うことを聞かないと又原子爆弾投下のようなひどい目にあうぞ、という脅迫に近い表現とも受け取れる。沼田は、島崎すなわち原子爆弾、原子爆弾すなわちアメリカ、と理解している。それでも沼田は島崎と婚約をする。そして思想改革をされた沼田は島崎にしたがって結婚をする、つまりアメリカの言いなりになる新しい日本として生きてゆく、というわけである。

筆者はこの映画がそのような意図と目的をもって製作されたものであったという証拠を持っていない。したがってこれはあくまでも筆者の主観的解釈である。しかし当時の日本人の常識として夫が妻を「爆弾」に比較するのは考えにくく、また当時の日本女性が気に入らない男を平手打ちにするのも非常識である。沼田が島崎の体にさわったり、わいせつな発言をしたのならともかく、単に当時のこの田舎町の状態を語ったのにすぎない。したがって島崎の態度は何が何でも力の行使ですべてを改革してしまうというもので、これはアメリカの占領方針そのものであった。いずれにしてもこの映画は娯楽の裏側に強力な進駐軍のメッセージを含んだものであったわけである。

これと並行するように、この頃アメリカで製作された映画で評判になったものとして一九五三年の『地上より永遠に』と一九五七年の『戦場にかける橋』がある。どちらも日本を悪者、憎まれ者として描いたもので『地上より永遠に』は真珠湾攻撃の結果生じたアメリカ人たちの悲劇を描き、『戦場にかける橋』は日本軍の捕虜虐待を扱った悲劇である。どちらも映画としては立派なものであるが、当然かもしれないが真珠湾攻撃以前の欧米の悪事については無言である。

どこの国でも映画を見る一般大衆は映画の伝えるメッセージをすべて信じてしまう傾向にあり、アメリカ人の観客は日本は悪い国であったと考え、このような映画が日本で輸入され公開されると日本人の観客も日本は悪い国であったというメッセージを受け取ることになる。日本人は日本製とアメリカ製の映画両方から日本は悪者であったと教えられたのであった。

戦後教育の内容

占領が始まると直ちに学校では進駐軍の方針にしたがった教育が強制された。戦争が終わった時点での小学校（当時は国民学校と呼ばれていた）では教科書と呼べるかどうかわからないほどのみすぼらしい教材は存在した。生徒には新聞のような大きな紙の両側に文章が印刷されたものが配布され、受け取った生徒は各自それを小さく鋏で切り、本の大きさのページをたくさん作り、それを綴じて教材としていた。この教材の文章は進駐軍によって詳しく検閲され、修正または消去する指令が各学校に伝達され、先生は教室で生徒たちにどの文章を書き直し、どの文章を墨で黒く塗って消去するか指示して教科書として使用することをした。

このようにして始まった教科書の検閲はその後は出版以前の段階に行われた。映画とまったく同様である。教科書はそれまでの日本を「封建的」で侵略国であり悪い国であったとし、これからの日本は平和を愛する新しい民主主義の国になる、今後戦争は一切しない、といった内容のものとなった。これが日教組の教育哲学となり長い間日本の教育を支配していたのは周知のとおりである。現在の日本で生きている日本人のほとんどは小学校一年から戦後教育を受けた人たちであり、絶えず吸っている空気のように学校で習ったことにまったくの違和感を持たず、何の疑問も持たないかもしれない。

以上が終戦直後からほぼ現在に至るまでの日本人一人ひとりに伝達されてきた情報の簡単な歴史である。振り返って考えてみると、マッカーサーが自身の回顧録の中でも明言しているように、日本占領の最大の目的は日本のそれまでの価値観を排除し、日本を徹底的に改革して民主主義の価値観を植えつけ、新しい民主主義の国として国際社会なるものに復帰させるというものであった。占領初期に導入された、情報を取得する方法の完全な支配と学校と社会全般での徹底的な民主化教育の結果、日本はアメリカが計画したとおりの国になった。

その意味では進駐軍の政策は大成功であったわけである。当然の結果として日本人は教えられたことを信じ、戦争犯罪人、特にA級戦犯は悪者であった、日本は侵略をして悪いことをした、日本は被害を受けた国々に謝罪しなければならない、といった一連の思想が戦後の日本で支配的になった。

ここで問題なのは日本人一人ひとりが学校やマス・メディアから習った情報が本当にそうであるのかどうか自ら調べ自ら考えてそのような結論にいたったのかという点である。しかし現実的に考えて、学校で習ったこと以外にまったく別の、しかも重要な歴史上の事実はなかったのか疑問を持つ人がどれだけいるであろうか。

自ら歴史を詳しく調べ、考え、学校で習ったことは正しかったという結論にいたったのであれば尊敬すべき態度であり、思想の自由の観点から敬意を表したい。しかし残念ながらそのような発言をする人のほとんどは自ら調べてそのような結論に達したのではなく、単に習ったことの受け売りにすぎない。

ここに情報が極度に一方的になってしまった場合の危険がある。そして実はこれこそが民主主義を危険にするものである。筆者は多くの欠陥はあるものの、民主主義というのは好ましい社会方式の一つであると信じる。しかし民主主義の最大の危険性は無気力な大衆の存在であり、何でも信じてしまう大衆を操作するのは簡単である。これは独裁者にはもってこいの条件である。

「南京事件」について

一見筆者はいわゆる「左翼的」な人たちを批判しているような印象を与える危険性があるが、

この聞いたことをそのまま受け売りする問題は「右翼的」な人たちにも存在する。その一例はいわゆる「南京事件」である。一部の人たちの主張によれば「南京事件」なるものは存在せず、これは作り話であるとしている。しかし筆者がこれまでに調べた結果によれば、事件そのものはおこったものと考えられる。その有力な証拠は日本側にある。

日本でもニュールンベルグ同様に軍事裁判が開かれることが判明すると、日本政府は一九四六年一月二五日付で「弁護資料研究班」という二三人ほどのグループを発足させた。このグループの目的は裁判での弁護を具体的にどのように行うかを準備するものであった。そしてニュールンベルグ裁判がどのように行われたかの情報を収集し、きたるべき東京裁判ではどのような尋問がされるかを予測した。

そして研究班の一人である矢部貞治嘱託はどのような起訴がされるかの予想を連記した一九四六年二月五日付の『矢部報告』なるものを作成した。それには「南京初め支那各地及び比島その他に於ける暴行、掠奪、殺戮、奴隷労働、俘虜虐待、公私有財産の没収、都市村落の妄りなる破壊等一切の犯罪を指摘すべしと推測せらる」と明記されている。

これは中国側からの文書や噂や証言ではないため、書かれていること自体の信憑性は非常に高いものと考えてよい。やましいことがなければこのようには書かないのは明らかである。検察側に追及されるような行動をしていなければこの項目は考えつかないであろう。ただし被害者の数については記されておらず、それに関しては全く不明である。日本側にはすでに一九三七年と三八年に南京事件があったという抗議が当時の広田外相にまで届いており、この情報はそのまま陸軍省にも伝達されていたとのことである。

そして裁判が始まると検察側は膨大な資料を提出して「南京事件」を追及した。証人も出廷し噂やデマについて述べるのではなく自ら直接目撃した日本軍の虐待や虐殺について詳細に述べた。証人はアメリカ人医師、アメリカのイリノイ大学で博士号を取得した中国人、南京大学で教えていたアメリカ人教授などを含んでいた。彼らの証言は細かい点まで詳しく、その信憑性は非常に高いものという印象を与えた。日本側の日本人とアメリカ人の弁護人は反対尋問をしたが証言をくつがえすような議論はできず、日本側としては犠牲者の数はそれほど多くなかったのではないか、と主張する程度のことしかできなかった。

ただし第五章で述べたように、日本軍が南京に到達する時点以前に漢奸として中国軍によって虐殺された犠牲者が、誤って日本軍によって虐殺されたものと報告された可能性も排除できない。加害者と虐殺されている被害者を直接に目撃した場合にはその信憑性は疑うことができない。東京裁判に出廷した証人たちの場合がそうであった。しかし後になって虐殺された死体だけを見たのでは加害者が誰であったのか断定できない。この場合虐殺がいつおこなわれたのか、日本軍が南京に到着する時点の前か後かが重要な要素となるからである。

残念ながら現在の複雑な社会では各個人は極度に専門化された分野で働き、その分野で絶えず現れる新しい知識を習得し最新の現実についてゆくのが精一杯で、とてもすべてのことについて自ら調べ考える暇などない。一日のうちで自分の自由になる時間は限られていて、知りたいことがあってもそれについて詳しく勉強するなどということは多くの人にとっては高嶺の花であろう。これは現代社会の現実であり現代社会の悲劇でもある。

日本以外の国々での東京裁判についての知識

以上日本国内での東京裁判についての情報論的な問題を述べたが実際には外国でも同じような状態である。この裁判が終わってから半世紀以上も経た今日では、古い白黒写真のようにそれについての知識も興味もうすれてしまうのは当然かもしれない。裁判があった時点で生きていた人の数も毎年減少してゆく。欧米全体を取り上げてみると、それでも違いがある。人によってはニュールンベルグ裁判があったことを知っていても、それをそっくりそのまま模した東京裁判が行われたことは知らない人もいる。東京裁判があったことを知っていても、「平和に対する罪」と「人道に対する罪」は事後法であり国際法上では無効であったと知っている人はまれである。したがって「平和に対する罪」で起訴され処刑された被告は不正な取り扱いを受けていたことを知っている人もまれである。

にもかかわらず、この「罪」によって起訴され処刑されたA級戦犯は三種類の戦犯の中で最も罪が重かったと信じ、A級戦犯が祭ってある靖国神社に首相や他の政治家が参拝するのは「過去を反省していない」とか「軍国主義を賛美している」などと批判するジャーナリストが多い。これは筆者が毎日詳細に見聞しているスウェーデンのマス・メディアにごく当たり前に見られる現象である。

ここでも日本の場合とまったく同じ批判をすることができる。これらのジャーナリストたちが東京裁判について詳しい知識をもち、その上でこのような発言を公式にするのであれば意見として尊重すべきで立派なものである。それだけのことができる職業的能力に敬意を表したい。しかし実際は日本の場合同様、現実は単なる限られた知識の受け売りである。

このようなマス・メディアの現場で働く人たちは東京裁判について詳細に勉強しているひまなどない。したがって広く流布されている「常識」をそのまま引用するだけである。東京裁判の国際法的な多くの問題点を知らないばかりでなく、法の専門家、アメリカの有力な新聞雑誌、ローマ法王、さらには東京裁判に直接関与していた判事、弁護士などによる多くの具体的な問題点の指摘にはまったく無知である。悪意があっての発言ではなくても情報の歪曲であると言わざるをえない。

中国と韓国の場合も問題は同様であるが、この二つの国は自国の犯した戦争犯罪を無視し、日本の戦争犯罪ばかりを指摘する。国というものが常に国益を優先し外国に対処するのが原則であると理解すればこの二つの国の行動と発言もより容易に解釈できる。

第八章　戦争と敗戦の学術的考察

人間が単に霊長類の動物の一種として生きてゆくだけであれば特に問題にはならないかもしれない。しかし人間が社会の中で生きていて国内や海外の事件について知ると不正さへの怒り、共感、同情、復讐心、などの感情を抱くことが多い。それはいじめ、強姦、強盗、殺人などのような一個人に対する場合であったり、強大国による弱小国の侵略と民間人の殺戮などの大規模な場合であったりする。

そして一体このようなことが許されるのであろうか、こんなことがあってよいのだろうか、人間とはこんなものなのか、などと考える人は多いであろう。人によっては世の中には文化・文明や時代を超越した人類すべてに共通で有効な法の定めがあるべきで実際そのような法というものは存在すると主張する。宗教家はこれを神の存在に関連して考えるが、特に宗教に興味がなくても考えつく結論でもある。

自然法はこのような考え方にもとづいている。たしかに人間が社会の一員として生きてゆく場合、自然法にしたがってお互いに傷つけることなく平和に生きてゆくことは望ましい。しかし自然法がもし存在しているとしても、それは目に見えるものではなく、現実には単なる仮定であり、希望的観測と言ってもよいのかもしれない。

ハンス・ケルゼンの根本規範

二〇世紀のもっとも重要な法学者の一人であるハンス・ケルゼンはカントの哲学にもとづいて法というものについて述べている。ケルゼンは「である」の世界と「であるべきである」の世界という二種類の世界が存在すると主張している。「である」の世界は物質的な世界で古典的なニュートンの物理学の世界と考えればよい。この世界では因果関係が明白で決定的であり、Aという現象がおこればBという別の現象が必ずおこると仮定でき、通常はそのとおりの結果になる。

しかしケルゼンによれば法の世界はこれとは異なる。Aという現象がおこっても必ずしもBがおこるとは限らない。ある殺人事件をAという現象とする。しかし犯人は見つからないかもしれない。犯人が誰であるか判っていても逮捕できないかもしれない。その結果時効になり逮捕にも裁判にもならないかもしれない。逮捕されて裁判になっても証拠不十分で犯人とされた人物は無罪になるかもしれない。このようにAという現象の後、いろいろな結果が考えられる。そのどれをBとみなしても、Aの後必ずBという結果になるわけではない。したがって法に関しては法独特の考え方が必要になる。

ケルゼンのもっとも有名な学問的貢献は「根本規範」と呼ばれるもので、これはすべての法の基礎となるいわば法の出発点のようなものと考えてよい。刑法なり民法なりの具体的な法律はすべて最終的にはこの根本規範から演繹的に導き出されるものであるとする。ケルゼンは自然法の学者ではなかったが、この考え方には一見自然法との共通点が見られる。ケルゼンの根本規範は原則的には国を単位として考えていたものであった。

ケルゼンはその後この考えを国際的な範囲にまで広げ、一時は世界共通の根本規範があるのではないかと考え始めたが、第二次世界大戦を体験した後、この考え方は現実的ではないという結論に達している。したがってケルゼンがもし根本規範というものが各国にそれぞれ独自に存在し、それが各国の具体的な法律の基礎となるという最初の考え方を放棄しなければ、世界で根本規範の異なる国々が存在し、それぞれの国が自らの根本規範にしたがって国際的に行動すれば、戦争を含めあらゆる種類の国際間の紛争がおこりうるということになる。

これは異なった文明間の争いを説明する手段ともなる。事実一九四八年三月三日に東京裁判の最終弁論で日本側弁護団長の鵜沢総明弁護人が言及した点であった。仮に根本規範なるものが存在しても、それが全世界に通用するものでなければ単に異なった文化・文明が戦争などのかたちで争うという事実を確認するだけの存在意義しかない。これなら伝統的な自然法の考えを持ち出すほうがまだ説得力がある。

ウプサラ学派の現実主義的解釈

法についてもっとも現実的で、ある意味では過激な考え方が二〇世紀の前半にスウェーデンのウプサラ大学で形成された。アメリカの研究者に比較するとヨーロッパの研究者は流動的ではない。ことにこれは過去においてごく当たり前に見られた。流動性のないことは欠点でもあり有利な点でもある。ある大学で支配的な考え方に同調できなければ研究者として大変不利になる。

その反面、そのような考え方、特に革新的な考え方が広く知られると、それに共感する優秀な学生が集まり、その考え方を更に進歩させることになる。ウプサラ大学での法についての革新的考え方、俗に「ウプサラ学派」と呼ばれるものは古い形式のヨーロッパの大学が好ましい形で機能したよい例である。

十九世紀中期から後半のヨーロッパはロマン派の思想が支配的であり、それと共存して極度に抽象的で実際には何を言っているのか全く判らない哲学が支配的であった。その典型がドイツ語圏で大きな影響をもたらしたヘーゲルである。スウェーデンでも知的環境は同様であり、クリストファ・ヤコブ・ボーストロムの哲学がよい例である。

アクセル・ヘーゲルストロム

これに反発したのがアクセル・ヘーゲルストロムで彼がウプサラ学派の最初の提唱者であった。ヘーゲルストロムは自然法を拒否し極度の実証主義を主張した。これは抽象的でわけのわからないボーストロム式の哲学に対する極端な反発であった。そして自然法を拒否した結果、「人権」という概念までも拒否してしまった。更には「権利」とか「義務」などという表現は客観性がなく、科学的に実証できないので意味のない単語であると決めつけた。そして価値観にもとづく評価、例えば「美しい」とか「醜い」、「道徳的に正しい」とか「道徳的に間違っている」などというのは単なる感情の表現にすぎないとまで主張したのである。

この考えは一般に「価値観のニヒリズム」または「モラル・ニヒリズム」などと呼ばれている。これは現在の観点から考えても急進的であるが、主張され始めた二〇世紀の初期にはスウェーデンの思想界に爆弾を投げつけたような結果をもたらし、文字通り革命的な学派となった。そしてこの考え方はウプサラ大学の法学ばかりでなく、哲学、神学、さらには社会学や社会心理学にまで影響を及ぼし、スウェーデンの思想界におけるその影響には計り知れないものがある。

ヴィルヘルム・ルンドシュテット

ヘーゲルストロムの弟子ヴィルヘルム・ルンドシュテットは原則的には彼の考え方を継承した。それと共にこの学派の考えを政治哲学にまで発展させた。現在ではスウェーデンは社会福祉を重視する国として知られているが、ルンドシュテットはウプサラ学派の考え方から社会福祉の重要性を導き出したのである。そして彼がいかにしてそのような考えを得たのかという経過は大変興味深い。彼は学者というものは社会福祉を念頭に入れて法を定義し法的な制度を決めるべきであるとした。

ここで「社会福祉」という表現の意味はベンタムなどの言う「最大多数の最大の幸福」という考えとは異なる。ルンドシュテットの言う「社会福祉」とは経済学的なもので、国を経済的に豊かにしてできるだけ多くの人たちを満足させるというものであった（当時のスウェーデンは非常に貧しい国で貧富の差も大きかったことに注意していただきたい）。

この哲学を実践するためにルンドシュテットは社会福祉を最大の課題としていた社会民主党の

党員として国会議員にもなっている。ここでは国民全般が受け入れることのできる法というものを意識しており、これは国民の満足という現実的で目に見える現象が法の存在意義となっている。わけのわからない抽象的な法は拒否し、実証的で経験できる法というウプサラ学派の根本的な考え方が社会福祉という政策として実現したのであった。

この国民全体というものを重視する考えはルンドシュテットの刑法についての見解にも現れている。ルンドシュテットは、犯罪の事例は社会全体への関わりあいという広い観点から判断されなければならないとしている。罪を罰することは刑法を維持していくためという意味でのみ重要であり、それは社会が継続してゆくために必要である、そして刑法は国民の道徳意識にしたがったものであるべきとしている。ここでも国民の多数派という現実的な数字が刑法と刑罰の原則とされている。

ここで最も逆説的で興味があり、しかもウプサラ学派を本当に理解する大変重要な点がある。ルンドシュテットはヘーゲルストロムの教えを引き継いで自然法を拒否し、「権利」とか「義務」などという概念には客観的な価値はなく、単に社会に存在する感情でしかないとしている。しかし法の存在意義を国民が受け入れるもの、好むもの、などという形で理解することによって結果としては自然法にもとづく社会福祉と似てしまう。現在の感覚で表現すれば、世論調査や大衆のデモが法を決めてしまうとも表現できる。そして現在のスウェーデンでは「人権」、「権利」、「義務」などという表現はマス・メディアなどでごくあたりまえに用いられている。

ウプサラ学派の法に対する急進的な考え方は別の形でも見られる。ルンドシュテットは、判事はある特定の犯罪に対し、型にはまったある特定の罰則があるものと考えず、判決については自由に考えるべきであるとしている。これを別の言葉で表現すれば判事は自ら法を形成することができるべきであるとしている。さらには法的な問題には法的に正しい解決策が一つだけであるとはかぎらないともしている。ただしここには制限があり、それは「社会福祉の観点から考えて」というものである。

ここにはウプサラ学派の考えをさらに複雑にして理解しにくくしてしまう問題がある。それは「社会福祉」という表現である。スウェーデン語で表現される場合、これは「サムヘルスニッタ」である。これは英語では通常「ソーシアル・ウエルフェア」と訳されていて、スウェーデン人の法学者も通常このように英訳している。したがって筆者はこれを日本語で「社会福祉」と訳しているわけである。しかし厳密に言うとこのスウェーデン語は「社会の役に立つこと、社会の役に立つことを前提としたもの」とでも訳されるべきであるが、それに相当する意味の単語は日本語にも英語にも存在しない。

このような法哲学の強い影響を受けてきているため、スウェーデンという国は国内の政治、外交、労働争議などについては非常に現実的に考え現実的に対処する。ある特定の信念をもって発言し行動するということはせず、ある解決しなければならない問題に直面した場合、この問題に関与するあらゆる事項を熟考し、柔軟に対処して解決策を見出すことをする。よく言えば現実的、悪く言えば一種の日和見主義である。この特徴を理解することによって初めてスウェーデンという国のパラドックスが理解できる。

カール・オリベクローナ

この学派の三人目の学者としてカール・オリベクローナを取り上げたい。オリベクローナは三人の中では国際的に一番広く知られており、一九三九年に英語で出版された『事実としての法』という本は世界中の大学の法学部での推薦文献であったとのことである。そしてこの本がオリベクローナの考えを最も明確にしかも判りやすく述べているのでここではこの本を基本に彼の考えを説明したい。オリベクローナはまず二つの点に注目をしている。第一に、法令のもとになっている考えとは何か、それは命令や強制なのか、もしそうなのであれば一体そこにはどんな意味合いがあるのか、である。第二に、近代国家で法と秩序が存在するための必須条件とはなにか、という問題を考察した。

オリベクローナの先生であるヘーゲルストロムは、法を維持をするための三つの前提条件の一つとして権力保持者（通常は国）が、あることを実行することを強制したり実力行使をすることが現実的な恐れとして存在している、と指摘している。オリベクローナはこの考えを『事実としての法』の中でさらに明確に議論した。そしてこの同じ考えはルンドシュテットの主張する刑法の存在意義にも通ずるものである。

法とは一体何かという疑問に答えるために、オリベクローナは革命の後どうなるかを考察している。革命が成功すると新しい憲法が施行され、それにもとづいた新しい法令が決められる。そしてこれらは強制力のあるものとして自動的に受け入れられてしまう。二つのことが革命を完全なものとしてしまう。それは「力（ここでは権力、圧力、暴力など広い意味で力と見なされる現象すべてを含む）」と「宣伝」である。力を用いて古い権力組織の重要な地位を保持していた者を追放し、力を用いて古い権力者たちを支持する者を脅迫し、力を用いて抵抗する者を処分する。そして宣伝によって新しく決められた規則が強制される。

このような議論の末、オリベクローナは法とは一体何であるのかという疑問に答える。オリベクローナによれば法とは主として力についての規則である、組織された力の適用にもとづかない社会など考えられない、そのような原則がなければ生命の安全というものはない、力についての規則は主として間接的なものである、としている。ルンドシュテット同様に、オリベクローナもある個人に対する法的処分はそれほど重要ではなく、力というものが組織され存在しているという意識が人々に及ぼす効果のほうが重要であるとしている。抵抗することができない力が法として普遍的に絶えず存在しているという一般的な意識が人間の行動に決定的な影響を及ぼしていると述べている。

組織された力は独占され、人々の道徳意識を形成する。権力者たちは何が正しいことで何が間違っていることかを決めてしまうことができ、これはほぼ絶対的なものである。この組織された力の独占という現象は近代国家で特に目立つ点で、どのようにして力を用いるかが法である。個人は力を用いることを許されず、力は権力者のみが独占的に用いる。力が独占されその使用が保障されている状態が「法治国家」なのである。これがオリベクローナの主張である。

ウプサラ学派の観点から考察した占領下の日本と東京裁判

以上がウプサラ学派の考え方の要点をまとめたものであるが、連合国の日本占領と東京裁判をこの観点から再考してみると大変興味ある見解が得られる。日本の占領とそれと並行しておこなわれた東京裁判の根底にあったものはオリベクローナの指摘する力と宣伝そのものであった。厳密な定義にしたがえば日本占領は革命であったとは言えない。しかしその内容、つまり日本社会の実態は革命直後の国同然であった。連合国最高司令官として赴任したマッカーサーは「堀端天皇」と呼ばれ、事実上日本の天皇となり、昭和天皇は名前だけの力のない影の存在になってしまった。

連合国はすべての法令を定め、マッカーサーは日本で最高の権力者として君臨したのである。日本の社会の中で連合国の決めた新しい規則を実行させるためにその規則が書かれた指示が街中に見られるようになった。そして規則の最初に「進駐軍の命により……」と書いてあるのが常であった。このように書かれた規則は電車の中にも見られた。憲法もアメリカ製であるのは周知のことである。

この占領政策にしたがった学校教育と日本人全般の思想改革は「日本は悪いことをした国だった、これからは心を改めて民主主義の国になる」というもので、これこそオリベクローナの指摘する革命後の「道徳意識」の形成である。オリベクローナが『事実としての法』を出版したのは一九三九年で、彼がこの本を書いていた時点ではフランス革命とロシア革命が頭の中にあったものと推察されるが、彼の書いていることがそっくりそのまま占領下の日本に当てはまるのは驚異的である。これは人間現象の共通性、不変性を示したものと言うべきであろうか。

残念ながら筆者は正統的なウプサラ学派の観点を持つスウェーデン人の法学者と東京裁判の詳細について話し合ったことがない。しかしこの学派の伝統的な考え方からすれば次のような回答が帰ってくることが考えられる。連合国側は一方的な裁判をしたのかも知れない、しかし「社会福祉」の概念を「世界の福祉」に拡大して考えれば、つまり裁判の結果が世界の人々の役に立ったと見なされれば、かたよった裁判も容認できるのではないか、判決はまちまちであったかも知れないが、「世界の福祉」の為には判決は自由にされてよかったのではないか、戦争犯罪に対する解決策は一つだけと限定せず、いろいろな対処方法があってもよいのではないか、などといったような回答である。ここで最重要視されているのは「世界の福祉」であり、これは平和の実現と将来の戦争の阻止であろう。これはあくまでも筆者自身の推測であることを特に強調しておきたい。

いづれにしてもウプサラ学派的な反応は極度に現実的なものであり、大国による覇権主義さえ受け入れるものであった。事実オリベクローナはナチス・ドイツがヨーロッパを支配することを容認したのである。そして同じスカンジナビアでもデンマークとノルウエーがナチスに占領されたのに対し、スウェーデンはナチスと秘密の取引をし、占領を免れたのであった。確かにスウェーデン国民の「社会福祉」という観点からすると、この取引は望ましかったと言えるのであろう。ナチスに占領されてゲリラ活動で抵抗するのはウプサラ学派的な考えによれば「社会福祉」の目標には合致しないのである。

ジョージ・ボルドの葛藤理論

社会学の分野では「葛藤理論」と呼ばれる考え方がある。これは学派などと呼ばれるほどまとまったものではなく、社会の中や世界の国々の間の関係には絶えず葛藤があり、それを事実として認めなければならないという観点から社会や国際関係を理解しようとするものである。これは人類の歴史で古い昔から存在する考え方であるが、ここでその歴史をたどる必要はない。近世の葛藤理論の中で、よい意味でも悪い意味でも我々に最も影響を及ぼしたのは何といってもマルクスの階級闘争の理論であろう。ここでは上記のオリベクローナの考えに非常に近い、ジョージ・ボルドの葛藤理論について述べることにする。

ジョージ・ボルドは犯罪学を専門とする二〇世紀中期のアメリカの社会学者であった。彼の理論によれば、犯罪は異なる集団の間に発生する葛藤の結果定義されてしまうものであるとしている。犯罪をしたとして非難される者は知能的にも身体的にも通常の人間であり、たまたま社会の中の弱者の立場におかれたことによって、同じ社会の中の支配者、権力者、強者によってその行動が犯罪であると決めつけられ罰せられてしまうのであるとしている。

客観的にみれば全く同じ行動であっても、それが社会の支配層に属する者による行動であれば犯罪にはならないが、弱者の行動であれば犯罪とされてしまうわけである。これが統計的に見て社会の中で力（政治力、権力、資金力、影響力など広い意味での力）のない少数派に犯罪が多い理由である。この理論を説明するためにボルドは未成年者の非行犯罪や反戦思想にもとづく兵役拒否などを例にあげている。

ボルドはこの考えを更に拡大して革命の前と後での極度の変化を取り上げている。革命が成功すればそれまで権力の座にあった政府の要人が犯罪人となり、革命が失敗すれば革命運動の先頭に立っていた指導者たちは直ちに処刑されてしまう立場におかれる。殺人、業務妨害、私有財産の乗っ取りなどといったような、通常では犯罪と見なされる行為は政治的動乱の時にごく当たり前に発生する。

ここで直ちに気がつくことはボルドは事実上オリベクローナと同じ議論をしていることである。ボルドがこの考えを表明している本『理論犯罪学』は一九五八年に出版されておりこれはオリベクローナの『事実としての法』よりも二〇年近く後であるが、ボルドはオリベクローナの本や論文の引用はしておらず、まったく無関係にこの考えにたどり着いたものと思われる。

しかしボルドはオリベクローナよりもはるかに明確に戦勝国と戦敗国の関係について次のように述べている。「戦勝国はしばしば戦敗国の指導者に対して同じように反応する――歴史のページに現れた『戦犯裁判』を思い出すがよい――しかし通常は当たり前の兵士が命令された任務を実行してもたらされる反応である」（二一八ページ）。ボルドは犯罪というものについての一般的な結論として次のように述べている。「犯罪とはある特定の生き方をする平均的でごく当たり前の人間が、当然で当たり前と見なされた状態で常識的で自然な反応をしたものであると考えられる」（二一八ページ）。これはボルドの英語の原文をできるだけ忠実に、しかもその意を読み取って訳したものであるがこの訳は誤訳ではないと信じる。

最後になったがボルドについて特に付記しておくべき事実がある。ボルドは一九四六年から一九四七年にかけて連合軍の職員として日本に滞在し、進駐軍兵士が日本で犯した犯罪の調査をするコンサルタントとして勤務した経験がある。この日本での経験によってこのような考え方にいたったのではないかと推測することも不可能ではない。

法学以外の分野からの考察

法についての歴史をふりかえってみると、自然法の考え方には古い歴史がある。これはしばしば宗教的な思想にもとづいており、キリスト教、イスラム、仏教などにも自然法を支持する思想が含まれている。ある特定の宗教の信者ではなくても、なにかそのような人類に与えられた法というものが存在し、すべての人がそれを実際に遵守すれば人類はもっと平和に暮らしていけるのではないかと考えたい。しかしもし自然法が抽象的な、場合によっては宗教的な世界にのみ存在し、我々の住んでいる現実の世界、物質の世界に関わりのないものであれば現実的に考えてあまり役に立たないものであるという議論も可能である。

ハンス・ケルゼンは自然法の学者ではなかったが、彼の「であるべきである」の世界も自然法同様に我々の住んでいる物質的な現実の世界には直結してはいない。そしてケルゼンは「根本規範」という考えを提唱し、これがいわば自然法のような形で機能してこれからすべての法が導き出されるのではないかと考えた。彼は世界の異なる文化・文明にも「根本規範」があるのではないか、これから世界に共通の法の考えが導きだされるのではないかと考えた。

しかしこれは希望的観測でありケルゼンは後にこの考えを放棄している。したがってもし根本規範という考え方を維持するとすれば、世界の異なる文化・文明にはそれぞれ異なる根本規範があるわけで、これらの異なる根本規範がお互いに相容れず、葛藤や戦争の原因になる危険性も存在することになる。そしてこれが現在観察される世界の宗教間の争いの原因であると見ることもできる。

自然法についての仮定とその考え方に不満を感じた場合、これと正反対の考え方として法を物質的な世界で実際に体験できるものとして考察する可能性も考えられる。法学ではこれはリアリズムと呼ばれたり社会学的な法理論などと呼ばれたりする。その中でも最も急進的で徹底している考え方がウプサラ学派であると言ってもよい。以下この章ではこの立場に立って人間を生物とする観点から考察し、東京裁判とその結果を更に別の角度から考え直してみたい。

動物行動学的な考察

学問の世界では研究分野が極度に専門化され、次々に新しい分野が生まれ、新しい名前がつけられる。しかしそれと同時に実際に研究される内容にはかなり重複してしまうことがあるのも事実である。ここでの見出しとして「動物行動学」という専門用語を用いたが、これから述べることは社会生物学、人類学、心理学、社会学、そして哲学の分野にさえ重複するとも見なされることを前もって述べておく。

動物行動学は主として動物学と心理学に起源をたどることができる。動物の目に見える行動を観察することによってデータが得られ、そのデータから行動の背景にあるものを研究するのが動物行動学の目的であると言ってよい。以下筆者の考える動物としての人間と人間が囲まれている環境に対する反応についてごく簡単に述べる。

動物は囲まれている環境の操作をする。この行動は動物の進化と関連していて、進化した動物ほど積極的に環境操作をする。人間は最も積極的に、そして効果的に環境を操作する種である。

なぜ環境を操作するのかと言うと、これによって動物が生きてゆく条件をより有利にするためである。鳥類の多くは巣をつくりそこに卵を産み雛を育てる。巣をつくることによって雛がより安全に育ち、これによって次の世代の同種の鳥がより効果的に生きてゆく可能性を高くすることができる。

鳥類に比較すると人間の巣、つまり住居は比較にならないほど積極的にそして効果的につくりだされた環境操作の結果であることは誰の目にも明らかである。動物が環境を操作する場合、その具体的な方法は習得される場合もある。しかし環境操作の行動そのものは動物に遺伝的に組み込まれたものである。これは食べることや生殖をすることと同様に動物に与えられたものであり、これは観察できる事実でもある。

動物行動学ではこのように環境操作をする生まれつきの行動には生物学的な傾向または圧力があるものと仮定し、これを「操作動機」と呼んでいる。この「動機」という専門用語はわかりにくいかもしれないが、より一般的な表現を用いれば「本能」という表現に近いものと考えてよい。ただし現在ではこの分野の研究者は「本能」という表現は用いない。

操作動機と葛藤

人類が新しい種として地上に現れた時点では、積極的で効果的な操作動機は同じ環境の中で生きていた他の種に対抗し、打ち勝ち、生き延びるために大いに役にたった。一人の裸の人間は弱く、とても素手で他の種に対抗できない。ここで「文化」というものが考え出され、この人間の弱さを補うことをした。道具や武器は文化の産物である。道具というのは人間の弱さを助け、環境操作をより効果的にする手段である。

別の表現を用いると、文化、ここでは道具や武器、は人間と環境の中間に存在し、人間の環境操作をより強力に、そして効果的にすることを可能にした。弱い人間が環境を素手で直接操作するのではなく、道具や武器を用いて間接に操作することによって、人間そのものが強くなったのである。つまり人間と環境の中間に存在するのが技術である。

初期の段階では道具や武器の使用は人類の生存に有利であった。しかしその欠点も存在し、これは文化の進化と共に次第に目立つようになった。道具を用いて採取をしたり武器を用いて狩をし、食物を得ることは生き残るために役立ったのは容易に理解できる。しかし全く同じ道具や武器は何に対しても、誰に対しても使用できる。この環境操作の手段によって自分の気に入らない他の人間や敵を殺すことができる。そして武器の進化は敵をより効果的に殺す方法の進化となってしまった。

一人の人間が囲まれて生きている環境はそれぞれ独自のものである。環境は自然環境でもあるし他の人間を含んだ社会環境でもある。そして二人の人間はそれぞれ二つの別々な環境に囲まれて生きている。それぞれの人間はそれぞれの環境に直面し、より効果的に生きてゆくことを考え、必要であれば操作動機を発揮し、環境を自分のためにより有利になるように試みる。これは物体の操作でもあるし他の人間を操作することでもある。

これを別の角度から眺めると、二人の人間が似たような物質的・社会的環境に存在する場合、その二人が理解する環境はまったく同じではなくても似たようなものである可能性が高い。この似たような経験にもとづいて、複数の人間が似たような環境の中で共に生きてゆく指針のようなものを考えつくとする。これも文化である。この場合、その内容は思想的なものであり、もしそれが比較的長続きするものであればそれがこの集団の世界観、人生観、さらには政治思想にもなる。これが村、都市、国、さらには国の集団などの基本的な指針となる。

地球上に広く存在している人類は当然ながら極度に異なった自然環境に囲まれている。これらの異なった環境の中で生きている多くの集団は、現在ほとんどの場合国の中で生きていて、それにもとづいた文化、哲学、宗教、政治思想、などを指針として存在している。

以上述べられたいくつかの事項、つまり動物としての人間に与えられた極度に強力で効果的な操作動機、これにもとづいて環境を操作するために考え出された技術、その進化、といったものが一方に存在し、それと同時に異なった環境を反映した異なった文化、さらには異なった文明、が他方に存在している事実が問題の始まりである。

人類が狩猟採取の生活をしていた過去においては強力な操作動機とそれをいかに発揮させるかという考え方としての文化は人類の生存に大いに役立った。しかし技術が進歩し進化し、武器が敵に向かって容赦なく用いられるのが筆者の指摘する人類の問題点である。この議論の専門的な詳細は一九九一年に英語で出版された筆者の『進化の悲劇』を参考にしていただきたい。

ここで最大の問題は大規模な戦争というものは技術の悪用であり、それと共に異なる思想の戦いでもあることとである。敵対する国々は勝つために常により効果的な武器を考え出し、それをより効果的に使用して敵国民をより効果的に殺戮することをする。その一方、自らの正当性を主張し、別の思想を持っている敵国が誤っていると非難する。これが日本で「大東亜戦争」と呼ばれ連合国側が「太平洋戦争」と呼んだ戦争の本質であり、これにしたがって東京裁判が行われたのであった。

人間の脳に組み込まれた葛藤軽減のメカニズム

霊長類、特に人類の進化と共に操作動機が強力になり、これが人類生存の役に立つどころか、逆に人類が滅びる危惧が考えさせられる時点にまで到達してしまった。もし進化というものが生物に恩恵をもたらすものであれば（そのような保障はまったくないが）、何らかの形で人間の間の争い、特に国と国との間の争いを阻止、または少なくとも軽減する生物学的なメカニズムがあるのだろうか、そのようなメカニズムは進化したのだろうか、といったような疑問が浮かんでくる。そしてそれに答えてくれるとも考えられる学術的研究が存在する。

神経生理学者のポール・D・マックリーンは「三層の脳の理論」を提唱したことで知られている。マックリーンの研究によれば人間には三層の脳があり、これは進化の結果発生したものである。人間の脳の最下層部には爬虫類の脳があり、その上に原始的哺乳類の脳があり、最上部には進歩した哺乳類の脳が存在しているという理論である。この最上部の脳は新皮質とも呼ばれる。

爬虫類の脳は生きてゆくために必要な機能をもっているだけで柔軟性がない。この脳は領分の防御、交尾、繁殖などに関わっている。次に現れた原始的哺乳類の脳には哺乳、養育、遊びなどという行動などをつかさどるようになり、これに伴って感情も現れた。進化の結果最後に現れた新皮質は通常我々が人間的なものと考える知性、理性、倫理、論理、価値観、宗教などといった思考と関連している。

心理学者のケント・G・ベイリーはこの理論にもとづいて「進歩と退行の理論」を提唱した。ベイリーによれば人間は通常は新皮質が支配的な状態にあるが、場合によってはそれが失われてしまい、原始的な哺乳類の脳、さらには爬虫類の脳が人間を支配してしまうこともおこる。つまり人類の進化の逆戻りである。新皮質が支配している状態が「進歩」で下部の脳が人間を支配してしまうのが「退行」である。

この三層の脳の理論を戦争とはなにかという観点から考えてみるとつぎのように言える。領土問題で争うのは典型的な爬虫類の現象であり、退行した場合には新皮質はそれを助け、もっともらしく理屈をつける補助的な役割をするようになってしまう。原始的な哺乳類の脳はこれを感情的に取り上げることを補助する。

ここで最大の問題は、すべての人間はこの三層の脳を持っていて、この事実から逃れられないことである。唯一試みることができる可能性は新皮質を何らかの形で活性化し、知的に、論理的に、倫理的に、人道的に問題を解決する努力をすることだけである。しかしそれが成功する保障はない。残念ながらこれが三層の脳から逃れられない人間の実態であり、国際間の紛争、葛藤、さらには戦争がなくならない理由である。

精神分析からの考察

日本占領と東京裁判は精神分析の観点からも興味ある観察ができる。そして連合国側、特にアメリカの立場からすると、なぜ戦後の日本における占領政策が成功したのかを効果的に説明できる。

精神分析といってもいろいろな考え方があり、いろいろな学派のようなものがある。その一分野として自我心理学とよばれるものがある。これは通常精神分析という表現から直ちに連想する無意識を取り扱うのではなく、意識だけを扱う。一人の人間が社会の中で生きていて現実的に体験する多くの出来事にどのように対処するかが問題点になる。人間が生きてゆく現実は厳しい。この世は楽園でもユートピアでもない。困難ばかりが人生であるようにも感じられる時がある。

困難に遭遇した場合、人間はどうするであろうか。いろいろな心理的反応がありうる。深層心理ではなく、意識のレベルであれこれ考え、善後策を見出すこともする。原則として精神異常ではない人間は自身をある程度積極的に考えている。そして困難に直面した人間は自身をなんらかの形で守ろうとする。意識的にあれこれ考え自身が持っていた自らの評価を維持しようとする。つまり自身にとって自分の知識を動員し操作して心理的に満足できる解決策を見出そうとする。

納得のゆく、もっともらしい説明を見出して直面している過酷な現実を軽減しようとする。これにはいろいろな心理的メカニズムがあり、一括して「防衛機制」と呼ばれている。その中の一つに「攻撃者との同一視」と呼ばれるものがある。

攻撃者との同一視

精神分析の創始者であるシグムント・フロイト自身もこの問題を取り上げたが、フロイトの娘のアンナ・フロイトはこの「攻撃者との同一視」の研究で知られている。この心理的メカニズムとは人間が強者の恐れに直面している場合、心理的操作によって自分をその強者の立場におき、その強者の立場から物事を見るというものである。弱者が心理的には強者になるため、弱者は弱者ではなくなる。したがって強者を恐れる必要はない。なぜなら自分は強者であり弱者ではなくなったからである。

アンナ・フロイトは心理的な問題をもっていた子供の事例からこの解釈に到達したが、その一例はお化けを怖がっていた少女である。しかしこの少女は自分がお化けなのだと言い出し、お化けのような動作をするようになり、その後はお化けを怖がらなくなった。自分がお化けであればお化けがこわいという理由がなくなるためである。別の有名な例としてブルーノ・ベッテルハイムの研究による、ナチスの強制収容所に入れられたユダヤ人の囚人の話がある。ベッテルハイム自身、強制収容所の囚人として他の囚人たちを直接観察することができた。ベッテルハイムによれば、囚人としての生活が長引くと、一部の囚人たちは収容所を管理している職員やナチスの口ぶりや衣服を模倣し始めたとのことである。

事実上これと同じ現象が占領下の日本でも観察され、それが現在の日本にまで継続して観察される。これが「アメリカナイズ」された日本であり日本人である。最近では異なった意見も表明される時代になったが、一時の日本では日本は侵略戦争をした悪者であったと言う思想が圧倒的な主流であった。これはアメリカ人であること、アメリカ人のすることと考えることを日本人の立場から表明していたわけで、これが「攻撃者との同一視」なのである。

この心理的メカニズムは進駐軍の徹底的な思想改革の政策とやはり徹底的な戦後教育と共にすべての日本人に強力な影響力を及ぼした。これは日本の大衆文化全般にまで広がり、日本語にはカタカナが氾濫し、髪を茶色や金髪にして得意になっている日本人が現われてしまった。

この思想が極端になると物事をすべてアメリカの観点から眺め、アメリカの主張を自分の主張とする。東京その他の大都市の無差別な空襲は日本が悪かったため、原子爆弾を使用されたのも日本が悪かったため、という説明をする。そしてこのような犠牲者は空襲をしたり原子爆弾を落下したアメリカではなく、日本国を相手取って訴訟をするような結果にもなる。論理的に明白な加害者を相手取らず、その加害者と同一視をし、被害者を相手取って訴訟をするのである。

日本人がこのように「攻撃者との同一視」をした発言や行動をする場合、それが詳細な学術的研究の結果にもとづく学者の発言や行動なのであれば立派であり敬意を表したい。しかしそのような学者ではない政治家、小説家、評論家、または知識人などと呼ばれる人たちが歴史も知らずに単に聞いたこと、読んだことを受け売りするのは無責任であり危険である。いくら政治、文学、評論、芸術などの分野で立派な業績がありそれ相応の知識と経験があったとしても詳細な日本の近代・現代史の知識がなければ素人である。素人があれこれ発言し行動して世論を形成し、一般大衆をある特定方向に向けてしまうのは言論の自由がもたらす最大の欠陥であり危険である。これは「右翼」にも「左翼」にも見られる現象である。

病人が外科医に向かって自分の病気を治療するためにどのように手術をすべきかあれこれ言うことはしない。それは常識として我々は医学の専門家である外科医の知識を尊重し、素人があれこれ発言して外科医の仕事を妨害してはならないという不文律があるためである。しかし近代・現代日本史についての十分な知識もない素人は政治的な発言をし、あたかもそれが唯一の歴史の解釈であるかのような主張をする。政治家その他の「有名人」は自分が素人であることを自覚し、発言を控えるべきである。

日本社会の主流の考えがアメリカという攻撃者の主張の受け売りであれば、同一視の結果それに従った発言をするのは残念ながら現実的な生き方であるのかもしれない。そしてこの現象は生物行動学や社会生物学の観点からも理解できる。筆者は日本で観察されるこの「攻撃者との同一視」と呼ばれる現象について多くの英語の学術論文や日本語と英語の著書で述べているのでここでは割愛する。これに関しては日本語の一般読者向けの本では『幼児化する日本人』が最適であろう。

なお比較的最近ではマス・メディアによって「ストックホルム・シンドロム」と呼ばれた現象がストックホルムの銀行やペルーの首都リマの日本大使館での人質の間で観察されたそうであるが、これらが事実とすればやはり「攻撃者との同一視」の結果と解釈することができる。最後にもう一言つけ加えれば、事大主義と呼ばれる反応も精神分析の観点からすると「攻撃者との同一視」によるものと見なすことができる。

あとがき

連合国側としては第二次世界大戦中、そして戦争直後の世界で最大の関心事は戦争で崩壊したヨーロッパの現実にどう対処するかという問題であった。そしてその意識の中心にあったものはナチスに対する極度の憎しみとそれに対する復讐感であった。その怒りと憤懣を行動によって実行するためにそれまで国際法上で認識されていたジュネーブ条約とハーグ条約のほかに新たに「平和に対する罪」と「人道に対する罪」を戦争が終わった後に事後法として追加した。これによってユダヤ人その他の大量虐殺とナチス・ドイツによるヨーロッパ各国の非人道的な占領と支配に対する復讐を実現することにしたのである。

ナチス・ドイツにこのような形で復讐するとなると、その同盟国であった日本にも何かしなければならない。その結果ナチスに対する復讐方法が日本にも適用されることになった。最初ナチス・ドイツに対して使用する予定で開発された原子爆弾は、完成直前にドイツが降伏したためそっくりそのまま日本に対して投下されることになった。そして日本が降伏するとナチス・ドイツに適用するつもりで考えられた「平和に対する罪」と「人道に対する罪」もそっくりそのまま日本にも適用されることになった。日本の場合でもこの二つは事後法であり、ポツダム宣言受諾と降伏文書署名の後の時点で発効したのである。国際法の常識からすれば無効なのは明白であるにもかかわらず、そのような事はすべて無視された。東京裁判はニュールンベルグ裁判の複製の形で実行され、判決が下され、処刑がされた。

その反面、連合国側が犯した明らかに戦争犯罪と見なされる行為はすべて無視された。原子爆弾の投下は事後法とは関係なく、明らかなハーグ条約違反であるにもかかわらず無視され、日本人捕虜虐殺もジュネーブ条約とハーグ条約違反であるにもかかわらず無視された。これに加えて事後法である「人道に対する罪」を連合国側に適用すると、十万人の犠牲者を出したと言われている東京大空襲や、その他の日本各地の大規模な空襲が該当するのは火を見るより明らかである。もう一つの事後法である「平和に対する罪」は先に戦争をしかけた国に適用されることになっている。しかし日本が真珠湾攻撃を開始した時点より以前にアメリカは日本の小型潜航艇を撃沈しているので先に戦争をしかけた国は日本ではなくアメリカであったと言える。これに対し、アメリカはケロッグ・ブリアン条約を引用してこれは自衛権の発動であると主張できる。しかしケロッグ・ブリアン条約のこの条項を引用するならば、日本の真珠湾攻撃そのものが自衛権の発動であると主張でき、事実これは日本側の弁護団が主張し、連合国側の意見としても存在していたのであった。

真珠湾攻撃を「平和に対する罪」で取り上げるのではなく、この攻撃以前にすでに存在していたハーグ条約で考察することも可能である。しかしこの条約は陸戦、つまり陸上での戦闘についてのもので、真珠湾攻撃のような海上での攻撃にはあてはまらない。国際法の観点からすると真珠湾攻撃は事後法である「平和に対する罪」ではなくハーグ条約によって議論されるのが正しい。しかしハーグ条約の内容そのものが海戦にはあてはまらないので客観的に考えると真珠湾攻撃は国際法が適用できない、真空状態で発生した出来事であったと言える。

しかしナチスに対する復讐の怨念を日本にまで拡大した東京裁判であったため、日本に対してニュールンベルグ裁判とは異なった性質の裁判をすることは連合国側の面目上できない。事実とは異なるにもかかわらず、日本はナチス・ドイツと共謀して世界制覇を図った、という主張のもとに裁判が実行された。これが東京裁判の現実であった。

戦争が終わってまだ一世紀も過ぎていない現在では、そして進駐軍の占領政策により徹底的な思想改革をされた日本では、これら一連の出来事を客観的に考察し、評価し、結論を出すことはむずかしいかもしれない。しかし太平洋戦争は異なった文明間の葛藤と見なすことができる。文明史は十年や五〇年の単位で考察されるものではなく、三〇〇年、五〇〇年、一〇〇〇年の単位で解釈され理解されるものである。長い目で考察した文明史の観点からすると、東京裁判は二〇世紀最大の国際法上のスキャンダルと言える。今から三〇〇年、五〇〇年後の歴史家はそのように解釈し、それが日本や世界の常識となるであろう。

一九六八年十一月二六日の国連第二三回では戦争犯罪および人道に対する犯罪については時効はないものとする「時効不適用条約」が賛成多数で採択されている。したがって近い将来に原子爆弾の投下を含め、連合国側が犯した数々の戦争犯罪を日本のみならず、アメリカを含めて世界各国で公式に取り上げ、糾弾する考え方が現れてもおかしくない。この背景には明確な法的根拠があるためである。法というものが何らかの存在意義があるものと考えたければ、この選択肢を「右翼」や「左翼」などの思想に関係なく真剣に考えてみる必要がある。

「まえがき」の再考

ここで「まえがき」で述べた筆者の「個人の尊厳を最優先にする」社会哲学と政治哲学の観点からこの本が取り上げた問題点を再考してみたい。純然たる個人的な希望としては筆者はローマ法王ピウス十二世や多くの自然法支持者と同じように考えたい。そして文化・文明の違いに関係なく、そして時代に関係なく、殺人は罪であり、死刑も執行してはならないと主張したい。

しかし我々が毎日直面している世界の現実は自然法の考える世界とは程遠い。戦争は多かれ少なかれ世界のどこかで絶えず発生している。それに伴って戦争犯罪も発生している。そして戦争犯罪を犯したことが明白であった場合、罰せられたり、罰せられることもなくうやむやにされたりする。この現実を眺めていると、自然法というのは絵に描いた餅とでもいうのか人間世界の現実には適用できない感がある。

法、特に国際法というものが不満足なものであることは法の専門家も十分に承知している。しかし好ましい改善策など見当たらない。その結果ウプサラ学派のように自然法を真っ向から拒否し、極度に現実的な法とその適用を主張する考えも現れるようになる。

このような考え方を注意深く検討してみると大変興味深い事実が見出される。それは意図的であるかどうかに関係なく、このような観点が実は人間を動物の種とすることを出発点とするいくつかの研究分野の考え方に類似していることである。特に動物行動学や社会生物学は大いに関連性があり、生物政治学という分野もここで考慮しておくべきである。そして人間一個人を考えた場合、神経生理学や精神分析も関係してくる。法というものを、そして法が機能しない現実をこれらの分野の観点から考察することに反対する意見があるのは当然であろう。しかし法の専門家は少なくともこれらの分野の研究結果にも注目すべきである。

神経生理学の観点からすると、人間が一方では自然法の存在を考え、他方では絶えず領土問題で争うのは人間には三層の脳が存在するためと理解することができる。ある人間が新皮質の支配下にある場合には倫理、道徳、他人に対する思いやりなどに配慮する。そしてこれが自然法を考える基礎となり教会に行き賛美歌を歌う。

ところがまったく同じ人間が戦争のような危機状態におかれると原始的な哺乳類のレベルに退行して感情的に行動し、さらには爬虫類のレベルにまで退行して容易に敵を殺すことができるようになる。これが戦争にかりだされた兵士の現実である。その意味では自然法の考えが古くから存在し消えてなくならないのも、戦争や戦争犯罪がなくならないのも、人間が三層の脳を持っている霊長類の種であるという宿命のためと言える。

社会学と文化人類学には機能主義と呼ばれる考え方があり、この観点から人間行動と国際外交を動物学的に考えることもできる。例えば一つの国というのは暴力団のように機能すると見なせる。国も暴力団も実際には同じような存在意義がある、同じように機能している、というのが機能主義の考え方である。

暴力団には縄張りがあり、原則として他の暴力団の縄張りを侵すことはしない。国にも国境があり原則として国境を越えて他国を侵略することはしない。ただし他の暴力団の縄張りを侵したり、他国を侵略することによって大いに得ることがあると判断されれば実際にそのようになってしまう。国も暴力団もその存在の基礎はあらゆる意味での「力」であり、「力」を行使することによってすべての問題を解決しようとする。

しかし国と暴力団には大変重要な違いが一つある。それはオリベクローナの言う「宣伝」である。国は暴力団に対しても他の国に対しても常に自分たちが正しいと主張する。暴力団を悪と決めつけ、機能主義的に考えると暴力団とまったく同じことをしているにもかかわらず自分たちの国には正義があるとする。このような「宣伝」をして他国を侵略し、戦争犯罪を犯し、民間人を殺戮し、女性は強姦される。戦勝国になればそれが「正しい」歴史になり、それが次の世代へ「宣伝」される。これが世界の現実である。

動物学的に考察すると世界はいくつかの暴力団のグループによって支配されていると見ることができる。抗争で勝ち残ったいくつかの暴力団、つまり国々、が一時的な「平和」の状態にたどり着き一種のカルテルを形成し世界を支配する。国連の安全保障理事会というすばらしい名前の組織は実は第二次世界大戦の戦勝国、つまり勝ち残った暴力団、のカルテルである。

このカルテルはカルテルに属しない他の国々にはあれこれ内政干渉をし、気に入らないと国連軍の名の下に侵略をし、戦争犯罪を犯す。しかしカルテルであるためメンバーの国の間ではお互いに内政干渉をしたり侵略などしない。第二次世界大戦の戦勝国であっても台湾のように中国に比較すれば国際的に影響力のない国は勝手に排除し中国に置き換えることをする。法的に考えればこの処置は正しくない。しかし強力なカルテルによって世界支配をするのが目的であればそんなことはどうでもよい。要はカルテルによる安定した世界支配なのである。

したがって中国がチベットを侵略し戦争犯罪を犯し、東トルキスタンでいくら人権侵害をしてもアメリカもロシアも見て見ないふりをする。アメリカがいくらベトナム戦争で戦争犯罪を犯しても国際的な裁判にはならない。アメリカの戦争犯罪が裁判にならなければ韓国のベトナムでの戦争犯罪も裁かれることはない。このような解釈は一部の読者にとっては不快かもしれない。しかし国際法なるものが役に立たず機能しない現実では「個人の尊厳を最優先にする」観点からすると人間を動物の種として法学以外の立場から世の中を理解するのがより現実的な解釈に見える。

むすびの言葉

太平洋戦争と東京裁判の解釈について、この「あとがき」で二つの選択肢を述べた。その第一は国際法とその適用を誠実に考え、その欠点を真剣に受け止め、今後東京裁判の結果を客観的に再考察し、それにしたがって行動することである。その第二は国際法などというものは名ばかりで役に立たないとし、世界の葛藤の法的解決の可能性を見捨て、問題点を法学以外の研究分野の成果から理解することである。読者はこの二つの選択肢を注意深く考察していただきたい。

引用ならびに参考文献

愛新覚羅浩『流転の王妃の昭和史』新潮社、一九九二年
朝日新聞「『キーナン書簡』公表」一九五二年三月十五日、三面
朝日新聞「韓国：軍も企業もベトナム参戦」二〇〇八年一月二八日
朝日新聞調査研究室編『極東国際軍事裁判記録　目録及び索引』一九五三年
朝日新聞法廷記者団『東京裁判』上中下三巻、東京裁判刊行会、一九六三年
インターナショナル・ラグジュアリー・メディア『知られざる歴史の真実　世界史編』二〇一一年、五一ページ
榎本重治『極東国際軍事裁判について』一九五〇年七月三〇日付文書、豊田（一九八六年）二五五―二六〇ページ
大井功『「チベット問題」を読み解く』祥伝社、二〇〇八年
太田弘毅「『蒙古襲来』で壱岐・対馬を蹂躙した高麗軍の蛮行は忘れられたか」『Sapio』二〇〇一年九月二六日号
尾崎和彦『スウェーデン・ウプサラ学派の宗教哲学』東海大学出版会、二〇〇二年
外務省連絡局調査課一九四九年七月一日付文書

木村正義「靖国神社とブルーノ・ビッテル神父」社報『靖国』一九八一年七月号
北原　惇『幼児化する日本人』リベルタ出版、二〇〇五年
北原　惇『脱西洋の民主主義へ』花伝社、二〇〇九年
キム・ワンソプ『親日派の弁明』草思社、二〇〇二年
『極東国際軍事裁判速記録』雄松堂書店、一九六八年
ギャルポ、ペマ『チベット入門』日中出版、一九九八年A
ギャルポ、ペマ『中国が隠し続けるチベットの真実』扶桑社、二〇〇八年B
ギャルポ、ペマ『日本人が知らなかったチベットの真実』海竜社、二〇〇八年C
桑原聡「『靖国焼却』に反対したブルーノ・ビッテル神父の信念」『正論』二〇〇三年九月号（通号三七五号）
ケルゼン、ハンス『法と国家の一般理論』尾吹善人訳、木鐸社、一九九一年
ケルゼン、ハンス『純粋法学』横田喜三郎訳、岩波書店、二〇〇三年
小林正樹（監督）『東京裁判』（DVD二枚）講談社、一九八三年
酒井信彦「中国・中華は侵略用語である」『日本』二〇〇四年二月号
酒井信彦「チベット問題は侵略という乱」季刊『こころ』第八七号、二〇〇八年七月十五日
櫻井よしこ「モンゴル人ジェノサイド実録」『週刊新潮』二〇〇八年六月十九日号
佐藤和「被害者史観韓国を揺るがすベトナム民間人虐殺の加害責任」『SAPIO』二〇〇一年九月二六

日号
佐藤和明『通化事件——共産軍による日本人虐殺事件はあったのか?』新評論、一九九三年
佐藤和明『少年は見た——通化事件の真実』新評論、一九九八年
佐藤和男『世界がさばく東京裁判』明成社、二〇〇五年
産経新聞「中国核実験四六回:ウイグル人医師が残状訴え」二〇〇八年八月十一日
島内龍起『東京裁判弁護雑録』私家版、一九七三年
志村辰弥『教会秘話』聖母の騎士社、一九九一年
聖トマス大学図書館ニュース「地域でつくる平和と共生フォーラム」二〇〇八年五月
高田純「中国共産党が放置するシルクロード核ハザードの恐怖」『正論』二〇〇九年六月号
田口芳五郎『カトリック的国家観』カトリック中央出版部、一九三三年
ダナム、マイケル『中国はいかにチベットを侵略したか』山際素男訳、講談社インターナショナル、二〇〇六年
ダライ・ラマ『ダライ・ラマ自伝』山際素男訳、文藝春秋社、二〇〇一年
ダワー、ジョン『容赦なき戦争』斉藤元一訳、岩波書店、二〇〇一年
時事通信「広東省の衝突事件、十五人逮捕」二〇〇九年七月七日
時事通信「広東省の民族対立が引き金」二〇〇九年七月二六日

辻英二「スパイ容疑で二千名銃殺」『画報躍進之日本』一九三七年十二月一日
中央日報「韓国戦争時の『民間人遺骨』大量に見つかる」二〇〇四年四月二五日
デエ、ロラン『チベット史』今枝由郎訳、春秋社、二〇〇五年
東京裁判資料刊行会編『東京裁判却下未提出弁護側資料』国書刊行会、一九九五年、全八冊
豊田隈雄『戦争裁判余録』泰生社、一九八六年
名越二荒之助『世界に開かれた昭和の戦争記念館、第三巻、大東亜戦争の秘話』展伝社、一九九九年
名越二荒之助『日韓二〇〇〇年の真実』潮流社、二〇〇二年A
名越二荒之助『日韓共鳴二千年史』明成社、二〇〇二年B
日本青年会議所『我が子に伝えたい誇りある近代史』新しい教科書づくり委員会（JCデジタルアーカイブシステム電子版ファイル）、二〇〇〇年以降通年
西田蔵之助『レイプ・オブ・チベット』普遊舎、二〇〇八年
ニューズウイーク日本語版「私の村は地獄になった」二〇〇〇年四月十二日号
ハンキー卿、モーリス　P・A『戦犯裁判の錯誤』長谷川才次訳、時事通信社、一九五二年
ハンギョレ21「ああ、震撼の韓国軍！」一九九九年五月六日、二五六号
ハンギョレ21「キム・ギテ予備役大佐インタビュー」二〇〇〇年四月二七日、三〇五号
法務大臣官房司法法制調査部『R・H・ジャクソン報告書』一九六五年

法務大臣官房司法法制調査部『極東国際軍事裁判資料目録』一九七一年
パク・クノ『韓国の経済発展とベトナム戦争』御茶ノ水書房、一九九三年
ベッカー、ジャスパー『餓鬼：秘密にされた毛沢東中国の飢饉』中央公論社、一九九九年
松岡完『ベトナム戦争——誤算と誤解の戦場』中央公論新社、二〇〇一年
松原一枝『通化事件——〝関東軍の反乱〟と参謀・藤田実彦の最期』チクマ秀版社、二〇〇三年
マッカーサー、ダグラス『大戦回顧録』上下二巻、津島一夫訳、中央公論新社、二〇〇三年
マハムティ、イリハム『7・5ウイグル虐殺の真実』宝島新書、二〇一〇年
水谷尚子『中国を追われたウイグル人』文芸春秋社、二〇〇七年
ムン・ギョンス『済州島四・三事件』平凡社、二〇〇八年
毛里和子『周縁からの中国：民族問題と国家』東京大学出版会、一九九八年
矢部貞治『矢部報告』弁護資料研究班、一九四六年
山田一郎『通化幾山河』富士書苑、一九七二年
夕刊読売「東京裁判は誤り」一九五一年五月五日、第一面
吉本貞昭『世界が語る大東亜戦争と東京裁判』ハート出版、二〇一二年
ルーメル、クラウス編「靖国神社事件」『上智大学史資料集第三集』上智学院、一九二八—一九四八年
ルヴァンソン、クロード・B『チベット』クセジュ文庫、白水社、二〇〇九年

Associated Press, *Children 'executed' in 1950 South Korean Killings,* December 6, 2008.

Bailey, Kent G., *Human Paleopsychology.* Hillsdale, N.J.: Lawrence Erlbaum Associates, 1987.

BBC, Asia-Pacific News, *New Evidence of Korean War Killings,* April 21, 2000.

Berlin, Isaiah, *Four Essays on Liberty.* London: Oxford University Press, 1969.

Bettelheim, Bruno, *Individual and Mass Behavior in Extreme Situations,*Journal of Abnormal and Social Psychology, Vol. 38, 1943.

Chicago Tribune, *Editorial,* June 28, 1955.

Fortune, *Editorial,* April, 1949.

Friedmann, W., *Legal Theory, Fifth Edition.* New York: Columbia University Press, 1967.

Freud, Anna, *The Ego and the Mechanisms of Defense,* Revised Edition. New York: International Universities Press, 1966.

Hägerström, Axel, *Inquiries into the Nature of Law and Morals.* Uppsala: Almqvist and Wiksell, 1953.

Hankyoreh, *Words of Condemnation and Drinks of Reconciliation,* September 2, 1999.

Hankyoreh, *Truth Commission Confirms Korean War Killings by Soldiers and Police,* March 3, 2009.

Hankyoreh, *Truth Commission Confirms Korean War Killings by Soldiers and Police,* September 3, 2009.

Hankyoreh, *TRCK Confirms Hundreds of Villagers Massacred During Onset of Korean War,* November 18, 2009.

Hankyoreh, *(More than 600,000 but less than 1,200,000!)* May 3, 2010.

Hayek, Friedrich A., *The Constitution of Liberty.* Chicago: University of Chicago Press, 1960.

Hinde, Robert A., *Ethology.* Oxford: Oxford University Press, 1982.

Jacobs, Andrew, *Ethnic Mongolian Dissident Released by China is Missing,* New York Times, December 13, 2010.

Kadeer, Rebiya, *The Real Uighur Story,* Wall Street Journal, July 8, 2009

Kelsen, Hans, *General Theory of Law and State.* Cambridge, Mass.: Harvard University Press, 1945.

Kitahara, Michio, *The Nazi Concentration Camp and Occupied Japan,* The Journal of Psychohistory, Vol. 16, No. 2, 1988.

Kitahara, Michio, *The Tragedy of Evolution.* New York: Praeger, 1991.

Kitahara, Michio, *The Entangled Civilization.* Lanham and New York: University Press of America, 1995.

Kwon, Heonik, *After the Massacre.* Berkeley: University of California Press, 2006.

Lorenz, Konrad, *The Foundation of Ethology*. New York: Springer, 1981.

Lundstedt, Vilhelm, *Legal Thinking Revised.* Uppsala: Lundqvist and Wiksell, 1956.

MacLean, Paul D., *The Triune Brain in Evolution.* New York: Plenum Press, 1990.

Malinowski, Bronislaw, *An Anthroplogical Analysis of War,* American Journal of Sociology, Vol. 46, 1941.

Martindale, Don, *The Nature and Types of Sociological Theory.* Boston: Houghton Mifflin, 1960.

Millward, James, *Violent Separatism in Xinjiang,* Policy Studies 6, 2004.

Newsweek, *The Cold Warrior,* April 9, 2000.

Newsweek, *Ghosts of Chenju,* June 19, 2000.

New York Times, *Unearthing War's Horrors Years Later in South Korea,* December 3, 2007.

Olivecrona, Karl, *Law as Fact.* Copenhagen: Einar Munksgaard, 1939.

Pape Pie XII, *Discours du Pape Pie XII au congrès international de droit pénal du 3 octobre 1953,* L'Osservatore Romano, November 4, 1953.

Pritchard, R. John and Zaide, Sonia Magbanua, eds., *The Tokyo War Criminal Trial,*22 vols. New York: Garland Publishing, Inc., 1981.

Sandin, Robert T., *The Founding of the Uppsala School,* Journal of the History of Ideas, Vol. 23, No. 4, 1962.

Schmidt, Folke, The Uppsala School of Legal Theory, *Acta Universitatis Stockholmiensis,* Studia Juridica Stockholmiensia 59, 1978.

Segerstedt, Torgny T., *The Uppsala School of Sociology,* Acta Sociologica, Vol.1, No. 2, 1956.

Sydney Morning Herald, *South Korea Owns Up to Brutal Past,* November 5, 2008.

Takatori, Yuki, *The Myth of the A-bomb Statement,* Translation Studies, Vol. 4, No. 3, 2011.

Vold, George B., *Theoretical Criminology.* New York: Oxford University Press, 1958.

Wilson, Edward O., *Sociobiology.* Cambridge, Mass.: Harvard University Press, 1975.

文献解説

まえがき

「ポツダム宣言」は『極東国際軍事裁判速記録』の第十巻(八一三ページ)に公式の日本語版が再現されている。人間の三種類の多様性は北原(二〇〇九年、第一章)に詳しくのべられている。

「正の自由」と「負の自由」については基本的な文献は Berlin (1969) ならびに Hayek (1960, p. 425) であるが Kitahara (1995, Chapter 4) と北原(二〇〇九年、第二章)も参考にされたい。

第一章

東京裁判そのものについての記録は朝日新聞法廷記者団(一九六三年)や雄松堂書店で発行された『極東国際軍事裁判速記録』(一九六八年)などが大きな図書館で容易に閲覧できる文献であろう。東京の国会図書館の憲政資料室はこの件に関しては日本で最も充実した資料が保管されており、英語の原文による法廷での審議その他の出来事すべてを読むことができる (Pritchard and Zaida, eds., 1981)。

単行本では豊田(一九八六年)が詳しい。小林(一九八三年)のDVD二枚から裁判での貴重な映像を見ることができ、法廷での生々しい現実を感じ取ることができる。

文化人類学者のマリノウスキーは戦争には六種類があるとし、その一つでは戦争がスポーツ同様であるとしている（Malinowski, 1941）。

ABCと分類された三種類の戦争犯罪についてはPritchard and Zaida（1981, p.38,990）と『極東国際軍事裁判速記録第十巻』（八一五ページ、八一七—八二二ページ）に記述されているが英語と日本語でこの三種類の名称が異なっている。本書では慣例に従って英語の表現の日本語訳を用いた。

ポツダム宣言は『極東国際軍事裁判速記録』の第十巻にその全文が記載されてあり、これに対する日本側の受諾その他の関連した文書もすべて記載されている（八一三—八一五ページ）。極東国際軍事裁判所条例もその後に記載されている（八一五—八二二ページ）。

第二章

ABCの三種類の戦争犯罪はPritchard and Zaide（1981, p.38,990）に明記されている。『極東国際軍事裁判速記録』第十巻の八一五ページにこの日本語版が記載されている。日本語ではABCではなく、イロハとなっている。

連合国側の犯した戦争犯罪については豊田（一九八六年、三八三ページ）やダワー（二〇〇一年、一三六—一四四ページ）を参照されたい。榎本重治書記官の文書（一九五〇年）は豊田（一九八六年、二五五—二六〇ページ）に再現されている。

第三章

アメリカ人弁護人に関しては豊田（一九八六年）が詳しい。この本の中でブレークニー弁護人については一四三、二三四、三一一、三一二、四三五―四三八ページ、ファーネス弁護人については二一二、四三八、四三九ページ、スミス弁護人については二〇六―二〇九ページ、ブラナン弁護人については四三三―四三五ページ、ワーレン弁護人については三二八、三二九ページに記述されている。島内（一九七三年）もブレークニーについて五六〇と五六六ページに、そしてファーネスについては五六〇ページに記されている。朝日新聞法廷記者団（一九六三年、中巻）は一九八から二〇三ページに法廷に現れた二〇人のアメリカ人弁護人について紹介している。

ブレークニーの法廷での発言が強硬であったため日本語への通訳が禁止されたという通説には異論があり、タカトリは不注意さと同時通訳の難しさが理由であるとしている（Takatori, 2011）。

キーナンからファーネスへの手紙とそれに対するファーネスの反応は一九五二年三月十五日付『朝日新聞』の第三面に再現されている。

第四章

ウエッブ裁判長の経歴については佐藤（二〇〇五年、一六八―一六九ページ）を引用した。日本側の提出した証拠書類の約八〇パーセントが却下されたという情報は東京裁判資料刊行会（一九九五年）第一巻の十一ページに記されている。

裁判終了後の意見は朝日新聞法廷記者団（一九六三年）下巻の第三章からの引用である。ベルナール判事の反対判決書は朝日新聞法廷記者団（一九六三年）下巻の第五章、ローリング判事の意見書も同じ文献の第六章からである。

極東国際軍事裁判所の設定についての条例とこの裁判所の条例は『極東国際軍事裁判速記録』（一九六八年）の第十巻（八一五―八一七ページ）に日本語版が再現されている。

マッカーサーのアメリカ議会上院の軍事・外交合同委員会での発言は東京裁判資料刊行会（一九九五年）の第八巻（一三九―一四〇ページ）からの引用である。

ヴァチカンにおいての戦争犯罪人とされた一〇六八柱の鎮魂と慰霊については名越（一九九九年）が詳しい。上智大学予科学生の靖国神社参拝拒否事件に関してはルーメル（一九二八―一九四八年）に記録されている「靖国神社事件」、これについてのヴァチカンの訓令については田口（一九三三年）が文献である。靖国神社の焼却問題については桑原（二〇〇三年）と木村（一九八一年）を参照されたい。靖国神社を焼却してドッグ・レース場にする計画とこれに対する反発については桑原（二〇〇三年）が詳しい。

『フォーチュン』誌の論説は外務省連絡調査課が翻訳し、一九四九年七月一日付で公表した。これは豊田（一九八六年）の二六五―二六六ページに要約されている。『シカゴ・トリビューン』紙の社説も豊田（一九八六年）の四〇五ページに言及されている。

佐藤（二〇〇五年）と吉本（二〇一二年）は東京裁判についての世界の批判的意見を羅列している。

第五章

チベット侵略と虐殺について全般的にはダライ・ラマ法王日本代表部事務所のサイトや、チベット亡命政府の公式のウエブ・サイトが信憑性がある情報源である。学術的な文献としては毛里（一九九八年）がある。ベマ・ギャルポは数多くの著書でチベット人としての立場から中国の侵略と虐殺を非難しており、自身の公式サイトもある。ギャルポ（二〇〇八B）は偽造の公印の件（四二ページ）、強制不妊手術（七五―七八ページ）、子供を集団で連れ去る政策（七八―七九ページ）、電気棒の拷問（七九ページ以下）など生々しい描写がある。西田（二〇〇八年）は護衛なしでの観劇への招待（六〇ページ）、電気棒の拷問（一二〇―一二二ページ）、強制の中絶や不妊手術（一五三―一五六ページ）、子供を村単位で連れ去り人身売買をすること（一五六ページ）を記述している。大井（二〇〇八年）も強制避妊手術（六四ページ）と強制移住（六四ページ）について述べている。ダライ・ラマの自伝（二〇〇一年）は感情的にならず淡々と記述してありそれが信憑性を高くしている印象を受ける。ダナム（二〇一〇年）の第五章とギャルポ（二〇〇八年B、特に七五―八四ページ）

は拷問と虐殺に詳しく必読書である。

ゴロクの虐殺についてはダナム（二〇〇六年、一一七ページ）とダライ・ラマ日本代表事務所のサイト、カムの虐殺については毛里（一九九八年）、ニャロンの虐殺についてはダナム（二〇〇六年）、カンロの虐殺についてはダライ・ラマ日本代表事務所のサイト、アムドの虐殺については毛里（一九九八年）、ラサの虐殺についてはチベット亡命政府のサイトが詳しい。チベットでの大飢饉についてはベッカー（一九九九年）を参考にされたい。スペインでの訴訟についてはルヴァンソン（二〇〇九年）が参考になる。

東トルキスタンでの虐待と虐殺については世界ウイグル会議のサイトが情報源になる。これは日本語も含め数ヵ国語のもので情報内容が詳しい。高田（二〇〇九年）、二〇〇八年八月十一日付『産経新聞』も参考になる。グルジャ市の虐殺についてはMillward（2004, pp. 14-22）、毛里（一九九八年）がある。

ウイグルの虐殺に関してはマハムティ（二〇一〇年）が詳しく必読書である。未婚ウイグル女性の強制移住については二〇〇九年七月三一日に日本記者クラブで会見したラビア・カーディルの発言にもとづく。ウルムチ市の虐殺については二〇〇九年、七月七日と二六日の時事通信の報道が信頼できる。

ウイグル人の悪性腫瘍発生率については水谷（二〇〇七年、一二二ページ）からの引用である。

内モンゴルでの虐待と虐殺についてはモンゴル自由連盟党と内蒙古人民党のサイトがよい。そのほかに酒井（二〇〇四年）、櫻井（二〇〇八年）、Jacobs（2010）が参考になる。

漢奸に関しては本文で言及されているいくつかの新聞記事のほかに辻（一九三七年）が参考になる。

通化市での虐殺については佐藤（一九九三年、一九九八年）、松原（二〇〇三年）、日本青年会議所発行の資料、山田（一九七二年）、愛新覚羅（一九九二年）が参考になる。

この章で言及されている国際軍事裁判条例の日本語訳は日本語で書かれたいくつかの本に再現されているがその訳は必ずしも同じではなく、ニュアンスが異なる場合もある。本書では豊田（一九八六年）の四三―四四ページに再現されているものを引用した。

第六章

文永の役における対馬と壱岐での被害については太田（二〇〇一年）が詳しい。

ベトナムでの韓国兵の給与に関しては名越（二〇〇二年B、六七一ページ）に記述されている。

済州島四・三事件については本文に述べられている二〇〇〇年六月十九日の『ニューズウイーク』の記事と二〇〇九年三月三日付の『ハンギョレ』の記事が最も詳しい情報源である。ムン（二〇〇五年）と聖トマス大学図書館ニュースの記事も役に立つ。

保導連盟事件については本文でのべられている新聞・雑誌記事が情報源である。ベトナムでの戦争犯罪についてはニ〇〇八年一月二八日付の『朝日新聞』の記事が韓国参戦の背景を説明している。

ライダイハンについては松岡（二〇〇一年）、名越（二〇〇二年A）、キム（二〇〇二年）も参考にされたい。

第七章

マッカーサーの回顧録は（二〇〇三年）の上下二巻である。『矢部報告』は豊田（一九八六年、八三―八七ページ）にその要旨が記述されてある。「南京事件」の情報がすでに一九三七年と一九三八年に日本の外相や陸軍省に届いていたというのは豊田（一九八六年）の二一五ページからの引用である。南京事件についての東京裁判の法廷でのやりとりは Pritchard and Zaida（1981）や『極東国際軍事裁判速記録』を注意深く読むのが最善であるが日本側が効果的に反論できなかった点に関しては朝日新聞法廷記者団（一九六三年）の上巻（四〇一―四一二ページ）と中巻（三九―四一ページ）に述べられている。

第八章

ケルゼンの「根本規範」についてはケルゼン（二〇〇三年）が最適である。

ウプサラ学派の考え方についてはスウェーデン語のほかに英語でも出版されており、ここでは英語のものを記述する。ヘーゲルストロムがスウェーデン語で書いた論文の代表作いくつかをケンブリッジ大学の哲学者 C. D. Broad が英訳してまとめた本があり（Hägerström, 1953）、これがウプサラ学派の創始者の考えを代表しているが難解である。ルンドシュテットについては（Lundstedt, 1956）が適切である。オリベクローナの本（Olivecrona, 1939）は彼の代表作であるだけでなく、ウプサラ学派の法学のリアリズムを具体的に、そして見方によっては極端に表明している。日本占領を再考するのに有益である。ウプサラ学派の法学について簡潔にまとめている文献として（Schmit, 1978）と（Friedmann, 1967, pp. 304-311）が役に立つ。ヘーゲルストロムの社会学や社会心理学への影響は（Segerstedt, 1956）に見られる。なお神学への影響については日本語の本が出版されている（尾崎、二〇〇二年）。ウプサラ学派の思想史としては（Sundin, 1962）がよい。

ボルドの考えは（Vold, 1958, Chapter11）に記述されている。ボルドについては（Martindale, 1960, pp. 200-205）も参考になる。

動物行動学についての有益な入門文献はいくつかあるが（Hinde, 1982）や（Lorenz, 1981）などがよい。社会生物学については何といってもその創始者と見なされているウイルソンの本（Wilson, 1975）が必読書である。本文で言及されている『進化の悲劇』とは（Kitahara, 1991）である。

マックリーンの「三層の脳の理論」は（MacLean, 1990）が詳しいが難解である。充分時間をかけて注意深く読むと大いに教えられる本である。ベイリーの「進歩と退行の理論」は（Bailey, 1987）に述べられており、莫大な量の学術論文と学術書にもとづいた名著である。これも時間をかけて注意深く読むべき本である。

「攻撃者との同一視」については（Freud, 1966）と（Bettelheim, 1943）が必読文献である。北原（二〇〇五年）も参照されたい。ナチスの強制収容所と占領下の日本を比較し共通点を指摘した論文も存在する（Kitahara, 1988）。

あとがき

ここで述べられている考えは基本的には葛藤理論の文献にある程度散見されるが、関連性の高い文献は(Vold, 1958)である。

北原　惇（きたはら　じゅん）

本名は北原順男（きたはら　みちお）。1937年生まれ。横浜出身。武蔵高校卒。1961年モンタナ大学（米国モンタナ州ミゾーラ市）卒（社会学と人類学の二専攻）。1968年ウプサラ大学（スウェーデン）修士課程修了（社会学専攻）。1971年ウプサラ大学博士課程修了（社会心理学専攻）。同年哲学博士号を受ける。メリーランド大学、ミシガン大学、サンフランシスコ大学、ニューヨーク州立大学（バッファロ）などでの教職、研究職を経て1997年までノーデンフェルト・インスティテュート（スウェーデン・イエデボリ市）所長。マーキズ・フーズフーその他海外約20のフーズフーに経歴掲載。英語の著書はChildren of the Sun (Macmillan, 1989), The Tragedy of Evolution (Praeger, 1991), The Entangled Civilization (University Press of America, 1995), The African Revenge (Phoenix Archives, 2003) など。日本語の著書は『なぜ太平洋戦争になったのか』（TBSブリタニカ、2001）、『幼児化する日本人』（リベルタ出版、2005年）、『生き馬の目を抜く西洋文明』（実践社、2006年）、『ロック文化が西洋を滅ぼす』（花伝社、2007年）、『黄色に描かれる西洋人』（花伝社、2007年）、『現代音楽と現代美術にいたる歴史』（花伝社、2009年）、『脱西洋の民主主義へ』（花伝社、2009年）、『ポルトガルの植民地形成と日本人奴隷』（花伝社、2013年）。

戦争犯罪と歴史認識——日本・中国・韓国のちがい

2014年2月25日　初版第1刷発行

著者 ————北原　惇
発行者 ———平田　勝
発行 ————花伝社
発売 ————共栄書房
〒101-0065　東京都千代田区西神田2-5-11 出版輸送ビル2F
電話　03-3263-3813
FAX　03-3239-8272
E-mail　kadensha@muf.biglobe.ne.jp
URL　http://kadensha.net
振替　00140-6-59661
装幀 ————佐々木正見
カバー絵 ——青木宣人
印刷・製本 ——中央精版印刷株式会社

ISBN 978-4-7634-0694-1 C0036